集人文社科之思 刊专业学术之声

集 刊 名：都市社会工作研究
主办单位：上海大学社会学院社会工作系
主　　编：范明林　杨　锃　陈　佳

Vol.13 RESEARCH ON URBAN SOCIAL WORK

编辑委员会

李友梅　张文宏　关信平　顾东辉　何雪松　文　军　熊跃根
程福财　黄晨熹　朱眉华　刘玉照　赵　芳　张宇莲　范明林
杨　锃　彭善民　华红琴　程明明　阳　方

本辑编辑组

范明林　杨　锃　陈　佳

第13辑

集刊序列号：PIJ-2016-184
集刊主页：www.jikan.com.cn/ 都市社会工作研究
集刊投约稿平台：www.iedol.cn

中文社会科学引文索引（CSSCI）来源集刊

范明林 杨铿 陈佳 / 主编

都市社会工作研究

上海大学社会学院社会工作系主办

第 13 辑

社会科学文献出版社

都市社会工作研究　第 13 辑
2023 年 6 月出版

目　录

【社会工作与社会治理研究】
过度社会性：对基层治理社会工作的反思……………… 童　敏　周　燚 / 1

【社会工作评估研究】
社会工作第三方评估实践的边界生产策略
　　——基于 Y 机构的个案研究 ………………………… 张洋勇　李晓凤 / 18

【学校社会工作研究】
社区化育人与专业社会工作介入：迈向多元共治的高校德育工作
　　——以东莞理工学院学生工作创新为例 …………………………… 吴　同 / 38

【青少年社会工作研究】
我国青少年社会工作研究的概况、热点及趋势
　　——基于 CiteSpace 的可视化分析 …………………… 尹阿雳　费梅苹 / 55

【残疾人社会工作研究】
困境与调适：基于上海市 J 区社区精神障碍者家庭抗逆力研究
………………………………………………………………………… 杨明远 / 70

【禁毒社会工作研究】

信任视角下协同式行动研究中的合作路径研究
　　——以上海市 Z 社 H 项目为例 ………………………… 陈　洁 / 88
艾滋病合成毒品滥用者的特征分析及干预策略研究
　　…………………………………………… 耿军霞　张礼烜 / 106

【社会政策及相关议题研究】

社会组织何以能推动公共政策改善？
　　——Z 市孤独症儿童随班就读"零拒绝"政策倡导案例分析
　　………………………………………………… 纪文晓　韩　青 / 133
教育"双减"政策与初中教师角色变化研究
　　——以上海市 M 区为例 ……………… 张颐熙　刘娇蕾　汤毅佑 / 154
儿童慈善医疗救助的机制研究
　　——基于三家基金会项目的分析………… 王晟昱　何兰萍　李　想 / 172

《都市社会工作研究》稿约 / 194

【社会工作与社会治理研究】

过度社会性：对基层治理社会工作的反思[*]

童 敏 周 燚[**]

摘　要　随着我国社会工作成为基层治理的一支重要专业力量，它的社会性诉求日益凸显，一方面需要增强居民的个人主体性和社区参与意识，另一方面又需要加强居民互助和社区议事。然而，这种注重社会性的发展策略不仅使我国社会工作更容易受社会环境的制约，出现过度行政化的现象，而且它的内涵模糊不清，众说纷纭。通过回顾西方社会工作的社会性服务策略发现，西方社会工作有关社会性的内涵不仅存在多种不同解释，受到不同社会思潮的影响，而且常常与公共性的内涵混淆在一起。实际上，社会性关注不同独立主体之间的关系，而公共性注重差异化主体之间共享的主观经验联系，是一种主体间性的共同体。在这种共同体中个人既拥有个人的主体性，同时也与周围他人达成共识。显然，清晰区分社会性与公共性内涵的差别，不仅能够使我国社会工作的专业发展避免陷入过度强调社会性带来的二元对立

---

[*] 本文系国家社会科学基金项目"新时代的场景实践与中国本土社会工作理论体系建设"（18BSH151）的阶段性成果。

[**] 童敏，厦门大学社会工作系教授、博士生导师，主要研究领域为社会工作专业化与本土化、精神健康社会工作、健康照顾社会工作等；周燚，厦门大学社会学系博士研究生，主要研究方向为健康社会工作、社会工作专业化等。

的权力游戏中，而且能够明确我国社会工作在基层治理实践中的专业定位，确立其在现代化发展进程中的专业方向，承担起历史和社会的专业责任。

关键词　社会性　公共性　社会工作　基层治理

一　问题提出

改革开放之后，我国基层管理体制从之前的"单位制"逐渐转向"社区制"（蔡禾、黄晓星，2020）。其间，个体化成了重要的社会发展趋势，社会个体从之前"单位制"的社会制度框架中逐渐松绑出来，开始依照自我的理性选择安排生活，建立个体身份与社会认同。这样的变化对基层治理的主体关系以及治理原则产生深刻的影响（陈伟东、吴岚波，2019）。随着社会个体主体性生活空间的拓展和多元化主体意识的兴起，社区的邻里逐渐取代单位空间，成为社区多元主体相互交往和权力角逐的社会场所（刘威，2010）。中国社会工作正是在这样的历史背景下参与到社区生活中的，它作为"三社联动"的重要组成部分成为社区机制创新的重要专业力量（陈伟东、吴岚波，2019）。尤其是党的十八届三中全会提出创新社会治理体制之后，中国社会工作逐渐获得国家层面的认可，成为增强我国基层柔性治理能力的重要举措（曹海军、吴兆飞，2017）。近年来，中国社会工作又获得长足的发展，正逐步走向乡镇和村居（王思斌，2020），负责政府公共服务的转化和提供（颜小钗等，2020）。

显然，居民在基层治理中面临两个既相互关联又相互矛盾的需求。他们一方面需要寻求个体的主体性，另一方面又需要学习多方协商。居民需求的这对矛盾恰恰反映出中国社会工作在基层治理实践中遭遇的现实困境，它既需要坚持"专业性"，提升居民的理性自决能力，增强他们的主体性（雷杰，2014；吴越菲，2018），也需要秉持"社会性"，增强居民的多方协商能力，提升居民的社区参与水平（刘振、徐永祥，2019）。实际上，为了谋求国家的认可，在专业发展之初中国社会工作首先选择了"嵌入式发展"策略（王思斌，2011），即围绕弱势人群，采用科学的"医学模式"来提升居民的理性问题解决能力（陈锋、陈涛，2017）。但是，这种专家式的标准化服务策略并没有给社区弱势人群带来自主性水平的真正提升，反而削弱了他们主动参与社会生活的动力，特别是随着基层治理实践的深入，中国社会工作的"社会性"需求日益凸显（张和清，2011），人们发现之前采取的"专业化"服务策略会使中国社会工作丧失自主回应社会需求并且推动社会改变的可能（郑广怀、向羽，2016）。为此，有学者直接将中国社会工作界定为"社会性"的助人服务（徐选国，2017），主张深挖中国社会工作的"社会性"服务要求（廖鸿冰、廖彪，2021）。然而，这种"社会性"的服务策略不仅使本已"弱势"的中国社会工作在专业发展中更容易受到社会环境的限制（张大维、赵彦静，2017），无法调动居民参与社区事务的热情，导致大部分居民依旧游离在基层治理体系之外（蔡禾、黄晓星，2020），而且有关"社会性"的内涵众说纷纭、含混不清。因此，有必要回顾西方社会工作有关"社会性"服务策略的讨论，以便能够厘清"社会性"的内涵，帮助中国社会工作找到能够有效回应居民现实需求的专业服务策略，明确中国社会工作在基层治理中的专业位置和专业责任。

二 西方社会工作有关"社会性"服务策略的讨论

西方社会工作的专业化发展经历了一百多年的历史，尽管不同的发展阶段呈现的特征不同，但是它始终关注社会因素对人的成长改变的影响，即使在深受弗洛伊德精神分析学派影响的早期专业化发展阶段，它也强调需要采取心理、社会双重视角开展专业服务（Howe，2002）。特别是20世纪60年代之后，受民权运动的影响，西方社会工作直接提出需要引入社会视角考察社会工作的专业服务（Specht，1988）。实际上，只要西方社会工作过度关注个人心理的作用，就有学者站出来维护社会工作社会性的本质诉求（McMillen et al.，2004）。显然，西方社会工作的专业化发展始终与社会性联系在一起，但是有关社会性的内涵有不同的理解。

（一）个人理性的社会性

在实证主义科学观的影响下，西方社会工作在20世纪初的早期专业化发展阶段选择了弗洛伊德的精神分析学派作为社会工作专业服务的理论基础，关注个人心理的改变，以适应外部环境的要求，采取的是一种心理适应的服务策略（Abramovitz, 1998）。这种服务策略假设，人们之所以在现实生活中遭遇问题，是因为人的能力或者心理状况出现了问题，需要通过专业人士的帮助修补个人存在的不足。显然，这种心理适应的服务策略把环境视为个人身体之外的社会现实，当作需要人们通过个人理性分析能力提升去适应的对象。尽管弗洛伊德的精神分析理论并不认同人的理性分析能力，而是强调人的自我受到本能的驱使，但是他所倡导的精神分析理论本身就是个人理性分析的产物，秉持实证主义的科学观。实际上，心理学家海因茨·哈特曼（Hartmann, 1939）的自我心理学受到西方社会工作者更为广泛的欢迎，因为哈特曼认为，人的自我具有理性认识环境和适应环境的能力。特别是在心理学家埃里克·埃里克森（Erikson, 1959）的人生八阶段理论的影响下，西方社会工作直接把人的成功视为对人生各阶段社会任务的适应。可见，在这一阶段，西方社会工作把个人理性视为人的社会性的体现，认为人们只要具有了理性，就能够识别社会环境的要求，适应社会环境，远离人的自然性。

实际上，西方社会工作在专业化早期出现的把个人理性视为社会性的观点来自18世纪和19世纪兴起的自由主义思潮。这种思潮受到西方启蒙运动的影响，认为个人利益是人们唯一的现实利益，也是公共利益的基础，理性的个人在自由追求自身利益的时候也就自然而然地实现了公共利益最大化（罗素，1996）。在这种自由主义思潮看来，所谓的公共利益是虚拟的，人们要从个人的主体性出发，避免他人的干涉，即使个人需要与周围他人互动，对方也不能影响自己的选择。只有这个时候，人们才真正拥有了与周围他人平等交流的机会，公共利益也就实现了最大化（斯密，1996）。显然，自由主义思潮始终立足于个人性，强调个人理性的独特作用，奉行个人自由，它把个人性与社会性对立起来，认为社会性只是个人性基础上的共同部分（Pesch, 2008）。这样，公共利益所代表的公共性就与社会性取得了一致，它们都是指个人利益的简单相加。

显然，这种立足于个人性的社会性完全无视个人视角的局限，不是导致对于人性的过于浪漫主义的想象，就是导致人与人之间无止境的利益争夺。这样的社会性很容易成为强者争取自己利益的手段,而弱者只能成为竞争的牺牲品。实际上,即使在自由主义盛行的年代,也仍有学者指出自我牺牲和利他主义品格的价值,认为需要对强调个人性的自由主义进行适当限制(穆勒,2007),或者引入一套规范社会活动的规则约束个人的自由(Mill,1985)。

(二) 公平正义的社会性

20 世纪 60 年代之后,受民权运动的影响,西方社会工作逐渐从关注个人心理转向关注社会环境,认为过度关注个人如何适应环境只会导致社会的污名化,把社会的责任转移给个人,忽视社会环境中存在的不公平现象(Specht & Courtney,1994)。对此,西方社会工作开始把公平正义的观念引入社会工作专业服务中,强调社会环境才是影响人们现实生活状况的根本原因,只有创造公平正义的社会环境,人们才能够获得充分的成长改变机会。针对这种社会环境的公平正义,西方社会工作有两种不同的理解,因而也就形成了两种不同的理论流派:一种是增能社会工作,另一种是反歧视、反排斥社会工作。前者认为,所谓的环境不公平是社会地位不同导致的社会资源分配的不公平。这样,对于弱势人群来说,即使自己再努力,也会因为受到这种不公平社会环境的限制无法改变现状,导致在这种不公平的社会环境面前出现无力感(失能)。为此,人们就需要增强自己的意识,认识到自己的无力感是由不公平的社会地位导致的,从而通过抱团取暖的方式争取更为公平的社会环境(Lee,2001)。后者不同,认为所谓的环境不公平是由机会不平等导致的,而机会不平等是因为社会存在歧视和排斥的现象。这样,处于弱势的人群就会在竞争面前选择放弃努力,因为他们知道,即使自己付出加倍的努力,也无法获得同样的结果。正是因为如此,反歧视、反排斥社会工作强调,在社会生活中保障人们平等的权利是社会工作专业服务的核心(Ife,2008)。

尽管增能社会工作与反歧视、反排斥社会工作都认同公平正义的社会环境对于人们成长改变的重要性,都把社会环境的改善作为社会工作专业服务的核心,但是两者对于公平正义的理解相差甚远,有些方面甚至正好相反。增能社会工作的公平正义观来自社群主义。这种观点把集体权利放在第一位,强调集体意识、社群价值、奉献精神和公共利益(刘军宁等,1988),认为个人无法独立于社群,个人的行为最终是由其生活的社群决定的,任何以排他性的个人利益为追求目标的方式必然损害人类赖以生存的社会环境(俞可平,1998)。反歧视、反排斥社会工作的公平正义观源自新自由主义。这是一种自由主义框架内的公平正义理论,它把个人权利放在了第一位,认为尽管个人的自由是首要的,但是在多个主体的现实面前还需要借助正义才能保障个人自由的有序(罗尔斯,1988)。这样,公共性就成为个人实现自由的必要条件。只是在新自由主义看来,这种公共性是人们理性固有的,它通过人们的理性推理就能获得,因此,它可以被称为公共理性,是人们在理性主体之中蕴含的一种道德能力(谭清华,2013)。

显然,人们正是在察觉到这种强调个人理性的社会性会破坏人与人之间的情感联结和社会团结后,才将代表集体利益的公平正义的公共性引入考察范围内(姚大志,2017),认为追求集体存在和集体利益的共性恰恰是个人成长改变不可或缺的(桑内特,2008)。值得注意的是,虽然社群主义和新自由主义都强调公共性的重要性,都把集体所拥有的公共性等同于社会性,但是两者审视社会性的角度是完全不同的。社群主义把个人性与社会性视为完全对立的,主张完全放弃对个人理性及个人主体性的追求;新自由主义不同,它试图平衡人们的个人性与社会性,想在保障个人主体性的基础上对个人理性进行改造,融入公共理性的内涵。

(三)多元叙事的社会性

20世纪80年代之后,受后现代主义思潮的影响,西方社会工作也出现了后现代主义转向,开始挑战传统的普遍化、标准化的宏大叙事,进而转向日常生活的多元叙事,出现了像叙事治疗、精要治疗等以后现代主义为哲学基础的治疗模式(Gergen,1999)。在后现代主义的反本质论和去中心化思潮的推动下,人们认识到,根本不存在一种客观的外部世界,现实生活就是人与人之间借助语言和意义解释相互建构的过程。因此,所谓的问题不是人们的生活真的存在什么不足,而是人们用一种消极的话语建构出没有希望的故事,从而出现沮丧、挫败,甚至绝望等不佳的表现。这样,所谓的问题解决也不是修补问题,而是改变叙事的方式,让人们采用一种积极的话语建构有希望的故事（White & Epston，1990）。可见，在后现代社会生活中，多元化成了人们生活的基本状态，它表明每个人的生活经历和经验解释是各不相同的，而且每个人都是自己生活的叙述者，这就构成了现实生活的多元叙事。这种多元叙事意味着人们对具有不同生活经验的周围他人保持开放接纳的态度，体现为人们的社会性。

显然，这种多元叙事的社会性来自人们对现代性的宏大叙事的解构，它不同于个人理性的社会性和公平正义的社会性这种对普遍存在的社会性的认可，认为这种追求普遍性的社会性是现代性发展的结果，它已经根本背离了启蒙运动对个人主体性的追求，反而成为人们主体性发展的束缚，抑制个人的成长（Rasmussen，1998）。因此，后现代主义公开质疑公共性的存在，并且通过去中心化和去本质化等方式直接将公共性虚无化，从形式上根本否定公共性（黄显中、袁红娟，2012）。这样，人与人之间的差异化和多元化要求就凸显出来，它们之间的联结需要借助共同关心的问题，由此形成治理共同体，在此基础上人们才能就共同关心的问题一起协商解决，最终实现公共利益的优化。这是一种动态的公共治理的关系，包含情景、语境和历史性，绝不是静态的人群本质特征的体现（Fox & Hugh，1995）。

在后现代主义视角下，人们的社会性与公共性完全分道扬镳了，公共性被视为对个人主体性的限制，因而也就失去了存在的空间。然而，只有个人自由、没有人际关怀的社会终究会使人们陷入无止境的权力游戏，跌入另一张限制个人自由发展的社会网络中（张晨耕，2021）。

（四）人际互惠的社会性

在社会工作专业实践中，最早意识到后现代主义对人与人之间公共性损害的是女性主义。女性主义社会工作者发现，尽管后现代主义解放了现代性下的个人自由，但是它也促使人们走向另一个极端，就是觉得什么都可以的相对主义。对此，女性主义社会工作提出关怀伦理的概念，强调人们在人际交往中首先需要关注伦理的关怀，注重伦理实践，而不是进行分析，固化他人的理解；否则，人们就会不自觉地陷入主客体二元对立的现代思维困境（Orme，2009）。为了破解这种二元对立的思维困境，女性主义社会工作还倡导一种互惠性的人际关系，相信在这种人际关系中相关的各方都能够得到不同程度的成长改变，并且认为人们只有在现实的人际交往中找不到互惠性的人际关系，自己受到了伤害时，才有可能转向个人的心理，拒绝与他人的交往，建立精神分析学派所说的自我防卫的心理满足机制（Jordan，1991）。在美国社会工作学者丹尼斯·美赫尔斯（Miehls，2011）看来，这种互惠性的人际关系实际上创造了人际交往中的第三空间（the space between the two）——一种两个或者多个主体之间的自我内在联结。这是一种"你中有我，我中有你"的共享状态，具有自身独立的特性，绝不能采用二元对立的还原思维把它拆解成两个或者多个独立主体之间的相互影响，或者视为每个独立主体的简单相加，他们相互依存，任何一方都离不开另一方。

实际上，自20世纪90年代起，为了避免重新踏入自由主义与传统社群主义的二元对立的思维困境以及后现代主义的相对主义陷阱，新社群主义出现了，提出"共同体的共同体"概念，认为共同体的成员除了具有情感联系和共享信念之外，还具有共同参与的某种社会实践活动。正是借助这种共同参与的社会实践活动，共同体才有了共享的理解，即"共同体的共同体"（MacIntyre，1998）。显然，这种共享的理解涉及特定社会实践中站在不同位置上的人实现的一种可分享的理解，它既不是所有人共同的理解，也不是由个人理解简单相加而成。值得注意的是，这种"共同体的共同体"具有动态性，只有当共同体成员的善与共同体其他成员的善保持一致时，共享的理解才能形成，共同体因此拥有了共同的善（MacIntyre，1998）。可见，无论是注重个人理性的自由主义还是关注集体价值的社群主义，都采取一种普遍主义的观察视角，忽视了人与人之间差异化和多元化的现实生活要求。因此，人与人之间"爱"的力量就显得非常重要，只有它才能促使人们在共同参与的社会实践活动中形成公共精神（Moufe，2000）。

在新社群主义视角下人际互惠的社会性与公共性既相互区别又相互转化。所谓相互区别是指此时的社会性是指具有情感联系和共享信念的共同体，而公共性则是指共同体成员在参与某种社会实践活动过程中形成的共同的理解。显然，人际互惠的社会性是人与人之间联系的一种单向静态视角的分析，公共性则是一种双向动态视角的考察，它需要借助某种具体的社会实践活动才能实现多个不同主体之间的交流，从而相互之间形成一定的公共性。但是，一旦公共性形成，它又会影响人与人之间的社会性，并且为下一轮社会实践活动的公共性创造条件。可见，此时的社会性是能够达成公共性的社会性，虽然每个人各不相同，各自具有独特的生活经验，但是同时又能借助具体的社会实践活动享有共同的理解。

三 社会性与公共性的内涵对比

显然，人们对于社会性的认识并不是清晰一致的，而是有一个不断深入变化的过程。人们首先关注作为社会人的本质特征，即个人理性。但是，这种以个人主义为哲学基础的社会性讨论，就会不自觉地忽视集体的社会价值，使人们过着一种"原子化"的生活（桑内特，2008）。于是，人们开始注重公平正义，以突出集体利益和价值的重要性。实际上，此时人们对社会性的认识只是走向了个人理性的反面，它与个人理性的认识拥有相同的观察视角，都是对人或者集体背后本质的分析。这种主客体二元对立的观察分析创造了一种占用的关系，它迫使他人成为人们观察的对象，变成人们达成自己预定目标的工具（冯建军，2020）。正是基于这样的考察，人们开始尝试放弃这种主客体的观察分析方法，转向多元叙事的社会性，倡导人与人之间的差异化和多元化的生活（鲍曼，2002）。然而，这种多元叙事仍旧是在单一观察视角下得到的认识，仍然包含二元对立的思维方式，因而它也就很难避免陷入相对主义的困境，走向本质分析的对立面。为此，在女性主义思潮的影响下，人们找到了人际互惠这一概念来呈现人的生活的社会性。此时的社会性逐渐融入了人与环境相互影响的双向观察视角，试图克服主客体二元对立观察分析造成的局限（弗雷泽、霍耐特，2009；黄云、刘日明，2015）。

尽管不同的学者对社会性有不同的认识，但是有关社会性的认识概括起来无非两种。一种把社会性视为自然的对立面，强调个人理性。此时的个人代表抽象的人类，因而对个人理性的追求必然带来社会生活的"原子化"。另一种把社会性视为个人的对立面，注重人与人之间的联系，以摆脱社会生活"原子化"的发展取向。但是，这种有关人与人之间社会联系的认识是建立在个人理性的批判和反思基础上的，因此，社会性的理解也就出现了强调集体价值的公平正义、注重差异化的多元叙事以及关注人与环境双向交流的人际互惠等不同的形式，其核心是发现人与人之间如何建立真正的社会联系。公共性不同，它强调共有性。尽管共有的内容有所不同，有的注重共有财产，有的关注共有事务（政治），有的侧重共有观念，但是它们都强调公共性是超越个人与他人相关联（丰琰，2016）。这样，公共性也就是个人与其他主体共同享有的主体间的一种主观感受性的相互关系，它意味着个人能够从仅仅关心自我发展或者自我利益转向超越自我，并且能够理解他人的利益以及自我与他人之间的关系（杨子臣，2019）。因此，一个人的公共性表明这个人在生理上、智力上以及情感上的成熟程度（郭湛等，2019）。

20世纪美国著名的政治思想家汉娜·阿伦特（Arendt，1990）认为，所谓的人类社会性是指人们并非单个人生活在大地之上，总与他人相关联。这样，人们的行动就必然涉及多个人在场的情况，它要求人们能够应对多个人的不同要求的生活现实，从而形成由多样性行动构成的公共空间，即人们的公共性。显然，在阿伦特看来，公共性不同于社会性，社会性虽然存在多个不同的人，但是他们都以满足自己的需求为导向，属于私人领域，没有公共性。只有当人们走出自己的私人领域，开始与他人交流和对话时，才能超越自我，形成公共性（川崎修，2002）。阿伦特强调，公共性首先表现为可以被看见、被听见，具有广泛的参与性（阿伦特，1999）。通过公共性，个人就能够通过参与、讨论、协商等方式与他人达成共识，形成共同体。与公共性不同，人们在社会性的交往中只是为了表达和实现自己的愿望，它并不会带来人们自我的成长和超越（孙磊，2013）。阿伦特发现，公共性的这种可看见、可听见其实意味着人们实践的现实性，即任何人的对话与交流都是发生在一定的现实条件下的，都需要人们投身其中，并且与他人建立一种对话的交流方式，使人与人之间既能够相互吸引，又能够相互区分，达成共享的空间（阿伦特，1999）。因此，对于阿伦特而言，人与动物的区别并不是由人的社会性导致的，而是由人的公共性产生的（冯婷，2007）。正是借助公共性，人们才能够超越自然法则的纯家庭私人生活方式，呈现不同于自然的人的"类"特征（郭湛等，2019）。

阿伦特有关社会性与公共性的分析为社会工作专业服务的开展提供了启示。显然，如果不对社会工作专业服务中的社会性和公共性做出区分，不了解两者内涵的差别，作为社会工作者就很容易把社会性等同于公共性，不是过度强调社会工作专业服务的社会性要求和权力结构分析，就是过度关注社会工作专业服务的集体伦理价值，忽视多元化生活的现实性以及人们通过自我超越实现与周围他人建立多元化的共享空间的诉求，最终使社会工作专业服务陷入二元对立的权力对抗游戏中，失去前行的方向。

四 社会性还是公共性

实际上，无论是社会性还是公共性都是为了倡导人的主体性，只是在西方启蒙运动的影响下人们首先选择了个人理性来发展人的主体性，相信每个人都具有理性分析和理性选择自己生活的能力。正是在这样的实证主义科学观的指导下，个人理性的社会性得到了弘扬。但是这种强调主客体二元区分的社会性迫使人与人的交往变成主体与客体之间的占有关系，损害了人的主体性的发展，即使主客体之间是一种平等的交往关系，这种个人理性的社会性也会促使人与人之间变成冷漠的利益交往，没有了人与人之间的关心，社会也因此成为机械式的"聚合"，失去了内在的活力（冯建军，2020）。显然，纯粹的个人主体性是不存在的，个人主体性需要放在与周围他人的交往过程中来理解。这样，无论关注公平正义的社会性还是多元叙事的社会性，都面临如何在现实生活中保证个人主体性的难题，都需要回答如何在认可他人发展要求的前提下促进个人主体性的成长。

由于社会性把人与人之间的交往视为两个独立主体之间的交流，这样的交流就被视为一种外部的相互作用，两个主体的自我并没有发生改变，因而，这样的交往也就不可避免地陷入权力游戏中，最终消解人的公共性（Rasmussen，1998）。公共性与社会性不同，它有三个独特的基本假设。（1）人是复数的人。人不能离开他人而生活，每个人在现实生活中都需要与周围他人交流，因而不能把人的生活简单视为单个人的生活（阿伦特，1999）。（2）人是多样化的人。不同的人有不同的生活方式，他们借助一定的行动相互联结在一起，因而人不能被简化为某种类型或者某个抽象的人（川崎修，2002）。(3) 人是差异化的人。每个人的生活经验不同，他们在相互交往中需要回应彼此的差异化经验，因此，这种交流也就不再像社会性所说的那样只是简单的两个主体之间的相互影响，而需要人们的自我对交往中的差异化经验做出理解并进行回应，从而在不同主体之间形成一种共享的主观经验的联系（郭湛等，2019）。可见，公共性改变的是人们的自我，是人们的内在经验，它让人们的自我在理解周围他人的差异化经验的同时，能够呈现自己的不同，使人们在与他人的交往中真正拥有了个人主体性。

公共性具有不同于社会性的特征，它实际上呈现的是一种两个或者多个主体之间的主观经验联系，具有主体间性。在这种主体间性中，个人依然作为主体而存在，但是他已经不是"原子化"的人，而是作为"一个由私人集合而成的公众"（哈贝马斯，1999）。这种主体间性既需要人们互惠互利，避免主客体二元区分的占用关系，也需要人们达成价值的共识，超越个人的自我，形成差异化中的统一（贺来，2015）。显然，这种主体间性是相对独立的多主体的公共空间，它无法还原成两个或者多个独立主体之间的相互影响。实际上，主体间性的各方都是需要做出自己利益的一定让渡的，以顾及其他各方的利益。只有这样，主体间性的各方交往才能达成共识。因此，主体间性的交往遵循的是一种均衡理性，即通过主体间交往各方的一定利益让渡以达成均衡化后的共同一致利益。这种理性不同于只有单人视角的个人理性，需要人与人之间的协商与合作，也不同于以追求公平正义为目标的抽象的公共理性，它包含平等的要素，但同时具有现实可操作的具体过程（谭清华，2015）。

值得注意的是，尽管我国社会工作近年来已经进入国家的基层治理体制中，急需应对多元主体交往的现实问题，以便能够促进居民的社区参与和互助，真正提升社区的发展水平（陈刚华、晏琴，2021），但是我国的社会工作者至今仍无法明确区分社会性与公共性内涵的差异，导致不仅常常混淆社会性与公共性的内涵，过度强调社会工作的社会性要求，极容易陷入权力对抗游戏之中，还时常曲解我国基层治理"共建共治共享"的公共性诉求，将它简单理解成一种集体的伦理价值要求，陷入社群主义的困境。这样做不仅无法明确我国社会工作者在基层社会治理实践中的专业位置，而且更为重要的是，它违背了现代化发展对个人主体性培育的现实诉求。

五　结论

经过十多年的快速发展，我国社会工作已经获得国家层面的认可，成为基层治理的一支重要专业力量，特别是我国进入全面建设社会主义现代化国家的新征程，如何创新基层治理实现我国社会治理体系和治理能力的现代化成为迫切需要解决的难题。为此，我国社会工作发展的社会性要求日益凸显，它一方面需要推动居民提升个人理性自决的能力，增强居民的个人主体性；另一方面又需要增强居民的社区参与能力，促进居民之间的互助。然而，这种注重社会性的社会工作发展策略不仅使我国社会工作容易受到社会环境条件的制约，出现过度行政化的发展趋向，而且就社会性本身的内涵而言，它也是模糊不清的。通过回顾西方社会工作的社会性服务策略发现，西方社会工作有关社会性的内涵也存在多种不同理解，包括注重个人理性的社会性、强调公平正义的社会性、关注多元叙事的社会性和专注人际互惠的社会性。概括起来，对这些不同的社会性内涵的理解可以分为两类：一类注重个人理性，把社会性视为自然的对立面；另一类关注人与人之间的联系，把社会性视为个人的对立面。无论哪种社会性，它们都假设人是独立主体。

与社会性不同，公共性更为关注人与人之间共享的主观经验联系。它假设，每个人都是不同的，人不可能单独生活，在现实生活中人都需要对周围他人的差异化经验进行理解和回应，因而，也就需要超越自我与周围他人建立主观经验层面的共享联系，形成一种主体间性的共同体。在这种共同体中个人既拥有个人主体性，同时也与周围他人达成共识，保持共享的主观经验联系。显然，清晰区分社会性与公共性内涵的差别，不仅能够使我国社会工作的专业发展避免陷入过度强调社会性带来的二元对立的权力游戏中，明确我国社会工作在基层治理实践中的专业定位，而且能够帮助我国社会工作确立在现代化发展进程中的专业方向，承担起历史和社会的专业责任。

参考文献

鲍曼，2002，《现代性与大屠杀》，杨渝东、史建华译，南京：译林出版社。

伯特兰·罗素，1996，《逻辑与知识（1901—1950年论文集）》，苑莉均译，北京：商务印书馆。

蔡禾、黄晓星，2020，《城市社区二重性及其治理》，《山东社会科学》第4期。

曹海军、吴兆飞，2017，《社区治理和服务视野下的三社联动：生成逻辑、运行机制与路径优化》，《华南师范大学学报》（社会科学版）第6期。

陈锋、陈涛，2017，《社会工作的"社会性"探讨》，《社会工作》第3期。

陈刚华、晏琴，2021，《新公共性的重构：协商对话视阈下的城市社区公共纠葛治理研究》，《湖北民族大学学报》（哲学社会科学版）第3期。

陈伟东、吴岚波，2019，《从嵌入到融入：社区三社联动发展趋势研究》，《中州学刊》第1期。

川崎修，2002，《阿伦特：公共性的复权》，斯日译，石家庄：河北教育出版社。

丰琰，2016，《人的公共性的哲学思考》，硕士学位论文，中共中央党校。

冯建军，2020，《人"如何"生活在一起：历史发展的逻辑》，《华南师范大学学报》（社会科学版）第5期。

冯婷，2007，《消融在消费中的公共领域——读汉娜·阿伦特〈人的条件〉》，《社会学研究》第2期。

郭湛等，2019，《公共性哲学——人的共同体的发展》，北京：中国社会科学出版社。

哈贝马斯，1999，《公共领域的结构转型》，曹卫东等译，上海：学林出版社。

汉娜·阿伦特，1999，《人的条件》，竺乾威等译，上海：上海人民出版社。

贺来，2015，《"陌生人"的位置——对"利他精神"的哲学前提性反思》，《文史哲》第3期。

黄显中、袁红娟，2012，《后现代话语中的行政公共性》，《宁夏社会科学》第1期。

黄云、刘日明，2015，《当代语境下的多元化公共领域思想》，《甘肃社会科学》第6期。

雷杰，2014，《"专业化"，还是"去专业化"？——论我国社会工作发展的两种话语论述》，载王思斌主编《中国社会工作研究》第十一辑，北京：社会科学文献出版社。

理查德·桑内特，2008，《公共人的衰落》，李继宏译，上海：上海译文出版社。

廖鸿冰、廖彪，2021，《以社区为基础的政府购买社会服务路向研究——基于社会治理结构变迁视角》，《广西社会科学》第2期。

刘军宁等，1988，《自由与社群》，北京：生活·读书·新知三联书店。

刘威，2010，《"行动者"的缺席抑或复归——街区邻里政治研究的日常生活转向与方法论自觉》，《南京社会科学》第7期。

刘振、徐永祥，2019，《专业性与社会性的互构：里士满社会工作的历史命题及其当代意义》，《学海》第4期。

南茜·弗雷泽、阿克塞尔·霍耐特，2009，《再分配，还是承认？——一个政治哲学对话》，周穗明译，上海：上海人民出版社。

孙磊，2013，《行动、伦理与公共空间：汉娜·阿伦特的交往政治哲学研究》，北京：北京师范大学出版社。

谭清华，2013，《哲学语境中的公共性：概念、问题与理论》，《学海》第2期。

谭清华，2015，《何谓政治哲学——罗尔斯政治哲学观的阐释》，《理论探讨》第3期。

王思斌，2011，《中国社会工作的嵌入性发展》，《社会科学战线》第2期。

王思斌，2020，《政府在乡镇（街道）社会工作人才队伍建设中的角色》，《社会工作》第5期。

吴越菲，2018，《社会工作"去专业化"：专业化进程中的理论张力与实践反叛》，《河北学刊》第4期。

徐选国，2017，《中国社会工作发展的社会性转向》，《社会工作》第3期。

亚当·斯密，1996，《国民财富的性质和原因的研究》（上卷），郭大力、王亚男译，北京：商务印书馆。

颜小钗、王思斌、关信平，2020，《镇（街）社工站怎么定位？怎么建？》，《中国社会工作》第25期。

杨子臣，2019，《西方公共性变迁探析》，硕士学位论文，黑龙江大学。

姚大志，2017，《什么是社群主义》，《江海学刊》第5期。

俞可平，1998，《社群主义》，北京：中国社会科学出版社。

约翰·罗尔斯，1988，《正义论》，何怀宏等译，北京：中国社会科学出版社。

约翰·斯图亚特·穆勒，2007，《功利主义》，叶建新译，北京：九州出版社。

张晨耕，2021，《后现代性之于现代性：反叛还是延续？》，《齐鲁学刊》第6期。

张大维、赵彦静，2017，《"三社联动"中社会工作的专业缺位与补位》，《中州学刊》第10期。

张和清，2011，《社会转型与社区为本的社会工作》，《思想战线》第4期。

郑广怀、向羽，2016，《社会工作回归"社会"的可能性——台湾地区社会工作发展脉络及启示》，《社会工作》第5期。

Abramovitz, M. 1998. "Social Work and Social Reform: An Arena of Struggle." *Social Work* 43 (6): 512 – 526.

Arendt, Hannah. 1990. *On Revolution*. London: Penguin Books Ltd.

Erikson, E. 1959. "Identity and the Life Cycle." *Psychological Issues* 1 (1): 50 – 100.

Fox, Charles J. & Hugh T. Miller. 1995. *Postmodern Public Administration: Toward Discourse*. California: Sage Publications, Inc.

Gergen, J. K. 1999. *An Invitation to Social Construction*. London: Sage Publications.

Hartmann, H. 1939. *Ego Psychology and the Problem of Adaptation*. New York: International University Press.

Howe, D. 2002. "Psychosocial Work." In Robert Adams, Lena Dominelli, & Malcolm Payne (eds.), *Social Work: Themes, Issues and Critical Debates*, pp. 170 – 179. New York: Palgrave.

Ife, J. 2008. *Human Rights and Social Work: Towards Rights-Based Practice*. Port Melbourne, Cambridge University Press.

Jordan, J. V. 1991. "Empathy, Mutuality and Therapeutic Change: Clinical Implications of a Relational Model." In J. V. Jordan, A. G. Kaplan, J. B. Miller, L. P. Stiver, & J. L. Surrey (eds.), *Woman's Growth in Connection*, pp. 283 – 290. New York: Guilford Press.

Lee, Judith A. B. 2001. *The Empowerment Approach to Social Work Practice: Building the Beloved Community* (2nd ed.). New York: Columbia University Press.

MacIntyre, Alasdair. 1998. "Politics, Philosophy and the Common Good." In Kelvin Knight (ed.), *The MacIntyre Reader*, pp. 239 – 240, 123. Indiana: University of Notre Dame Press.

McMillen, J. C., Morris, L., & Sherraden, M. 2004. "Ending Social Work's Grudge Match: Problems Versus Strengths." *Families in Society* 85 (3): 317 – 325.

Miehls, D. 2011. "Relational Theory and Social Work." In Francis J. Turner (ed.), *Social Work Treatment: Interlocking Theoretical Approaches*, pp. 401 – 412. New York: Oxford University Press.

Mill, J. S. 1985. *On Liberty*. London: Penguin.

Moufe, Chantal. 2000. *The Democratic Paradox*. London · New York: Verso.

Orme, J. 2009. "Feminist Social Work." In M. Gray and S. A. Webb (eds.), *Social Work Theories and Methods*, pp. 65 – 75. London: Sage.

Pesch, U. 2008. "The Publicness of Public Administration." *Administration & Society* 40

(2): 170 – 193.

Rasmussen, David M. 1998. "Fred Dallmayr: The Odyssey of Reconciling Reason." *Human Studies* 21 (3): 273 – 281.

Specht, H. & Courtney, M. E. 1994. *Unfaithful Angels: How Social Work Has Abandoned Its Mission*. New York: The Free Press.

Specht, H. 1988. *New Directions for Social Work Practice*. Englewood Cliffs, New Jersey: Prentice-Hall, Inc.

White, M. & Epston, D. 1990. *Narrative Means to Therapeutic Ends*. New York: W. W. Norton & Company.

【社会工作评估研究】

社会工作第三方评估实践的边界生产策略

——基于 Y 机构的个案研究*

张洋勇　李晓凤**

摘　要　社会工作第三方评估实践的重要性日益凸显，但评估实践中边界议题的探究有待深入。通过跟踪考察 X 市 Y 机构六年来对政府购买社会工作服务项目的第三方评估实践，本研究发现，Y 机构在评估实践中面临多种边界议题与挑战，同时能发挥能动性，采取四种主要的策略来应对：（1）让渡专业话语权，提升专业性，厘清与外部评估专家的专业边界；（2）让渡管理空间，厘清与政府部门的管理边界，争取和构建专业空间；（3）强调专业共同体构建，澄清角色，弱化唯指标论，消弭与社工机构之间的角色对立；（4）澄清角色，构建信任关系，增强服务对象的权利意识，强调共同利益诉求。本文将给第三方评估机构、政府部

---

* 本文系国家社会科学基金一般项目"中国社会工作者职业生存的叙事研究"（20BSH124）的阶段性成果。作者感谢厦门大学社会与人类学院社会工作系社会工作专业硕士毕业生庞笑的协助。

** 张洋勇，厦门大学社会与人类学院社会工作系助理教授，特任副研究员，硕士生导师，香港理工大学社会工作哲学博士（PhD），主要研究方向为社会组织与社会工作职业化、社会工作实务研究与行动研究；李晓凤（通讯作者），深圳大学政府管理学院社会学系教授，主要研究方向为社会工作理论与实务、女性社会学及咨询心理学研究。

门、社工机构等带来启示。

关键词 政府购买 第三方评估机构 互动关系 边界生产

一 问题的提出

自党的十六届六中全会提出"建设宏大的社会工作人才队伍,造就一支结构合理、素质优良的社会工作人才队伍"的重大战略决定以来,我国社会工作迎来快速发展,政府购买社会工作服务项目数量显著增长。同时,为满足社会工作专业化发展的内在专业主义诉求,以及规避权力寻租、监管服务质量的政府管理主义的制度性安排,针对社会工作服务项目的第三方评估与日俱增,其重要性因具备降低政府购买风险、监管服务质量、促进专业发展等功能而日益凸显(姚进忠、崔坤杰,2015)。

2014年,民政部发布《社会工作服务项目绩效评估指南》,明确了社会工作服务项目评估的基本要求和规范;次年,民政部颁发《关于探索建立社会组织第三方评估机制的指导意见》,提出"建立社会组织第三方评估机制,是完善社会组织综合监管体系的重要内容,是社会组织评估的发展方向"。随后,全国各省区市闻令而动,第三方评估功能性作用日益彰显。然而,文献显示,受专业主义和管理主义双重挤压,第三方评估机构在评估实践中易陷入边界议题困扰。比如,易沦为政府的监管工具(高丽、徐选国,2019);自主性难获得(徐选国、黄颖,2017);评估专家与社会工作服务机构(以下简称"社工机构")和社会工作者(以下简称"社工")之间存在二元对立关系(尹阿雳、赵环,2018);等等。由此,容易让人质疑甚至否定第三方评估的价值。同时,来源于评估实践的经验又往往表明,第三方评估机构具有能动性,会采取应对策略进行边界生产,努力明晰与各方的关系。对此,学界的系统探讨尚待深入。基于此,本文聚焦的议题是:在政府购买社会工作服务背景下,第三方评估机构如何在评估实践中发挥能动性进行边界生产,明晰与各利益相关方的互动关系?

二 文献综述

(一) 边界

边界（boundary）不是简单的物理或空间的分界线，而是涉及对阶层、人群、实践等客体化形式社会差异的区分。边界还延伸为个人、群体或组织等主体就某个议题努力达成共识的一种工具（Oldenhof et al.，2016）。边界不仅是起点，还是主体之间通过生产、协商、接纳等方式对现实差异化议题达成的阶段性结果（Gieryn，1983；Halffman，2003）。对于组织而言，边界分为外部边界与内部边界。在外部，边界阐明组织间的关联，是组织生存与发展的基础；在内部，边界区分组织内部不同组成部分（Hernes，2004）。边界不仅是组织与所处环境和主体之间互动关系的开始，更是达成结果的一种动态的状态，边界在互动中产生、协商、管理和变化（Schneider，1987）。

(二) 边界生产

边界生产（boundary production）包含边界设定（boundary setting）与边界管理（boundary management）两层含义。边界设定是为了澄清组织内部或组织间关系的范围和促进预期结果的一种交换类型，是对边界元素（devices）的描述和设定（Doel et al.，2010；Oldenhof et al.，2016）。边界管理是对组织内部不同部分、组织间边界的区别、整合和协调（Llewellyn，1994），随着组织的发展而变化，给组织的有效运作带来影响。因此，边界生产既是设定和区分（新）边界的过程，也是对边界及边界元素进行协调的过程（Halffman，2003；Llewellyn，1998）。组织的边界在不断进行再调整与再设定，所以边界生产循环发生，不断促进组织自主性成长和合法性获取。因此，本文中边界生产指的是组织内与组织间的沟通、协商，不断厘清和界定边界与互动关系的动态过程。

(三) 政府购买社会工作服务中的边界议题

随着政府购买社会工作服务的大力推进，社工机构获得制度化、规模化的发展资源与机会，促进了社会工作专业化和职业化水平的提升（管兵，2015）。然而，有关边界议题的研究主要聚焦社工的实践和自我意识等微观层面的伦理议题（Cooper，2012），而对包括社工、社工机构、评估方、购买方等利益相关方在内的中观层面边界议题的探讨亟待深入（O'Leary & Tsui，2019）。专业社会工作需要与传统的行政性社会工作不断合作与磨合，受到管理主义束缚，政社边界模糊突出（张洋勇，2020）。

首先，政社边界模糊是实践困境之一。政府购买社会工作服务以市场契约和法律关系置换政治权力关系，构建起基于市场规则理性的契约和责任关系（王浦劬，2015）。但现实情况是政府处于绝对优势地位，社会组织的自主性受限，政社关系难以达成契约合作所强调的独立平等（魏娜、刘昌乾，2015），进而导致契约合作成为形式，政社权责边界难觅（陈天祥、郑佳斯，2016；徐选国等，2014）。

其次，模糊的政社边界在构建新的边界和可能性。有学者指出，政府购买社会工作服务本质上是利益博弈的过程（王家合，2019），政社边界的相对性、模糊性带来了互动的可能性（曾永和，2012），使社会组织可以采取试探和博弈的行动策略"与国家商榷"，从而拓展行动空间（梁晨，2016）。同时，政府购买公共服务的有效性在于从边界模糊中产生新的边界（黄晓星、杨杰，2015），意味着国家与社会关系需要重构，相关主体在动态博弈中就边界问题"相互承认"以达成共识。

综上，模糊的政社边界在政府购买社会工作服务背景下在多大程度上会阻抑专业实践和服务的推进，抑或重构互动关系，再构新的边界，有待深入的实证研究来阐明。

（四）第三方评估机构面临的边界议题

政府在购买社会工作服务时已经设定了一种互动关系（孙佳伟、范明林，2013），引入第三方评估机制后，购买方、承接方、使用方、评估方构成互动关系中的四方（魏娜、刘昌乾，2015），在此背景下，第三方评估机构往往面临既复杂又琐碎的互动关系。从社会治理角度来看，第三方评估具备治理功能和专业价值，是推进政社分工与合作的驱动力，也是权衡政社关系的中介与桥梁（赵环等，2015）。囿于多元主体的复杂关系，第三方评估机构往往会因"中介与桥梁"身份陷入多重互动"泥泞"。

首先，政府部门对第三方评估定位带来困扰。政府部门对评估的根本属性、第三方评估机构的组织属性与发展定位界定不清，导致其容易沦为政府监管的工具，面临独立性与自主性缺失、专业性受损和评估失灵等困扰（顾江霞，2017）。

其次，第三方评估在"专业共同体"中的作用式微。在评估实践中，被评的社工机构对第三方评估机构会存在偏见、消极合作、不信任等现象。一是容易出现二元对立关系，社会工作专业共同体被弱化（尹阿雳、赵环，2018）。二是管理主义与专业主义诉求需平衡。存在管理主义偏重，而专业主义诉求偏弱的问题（岳经纶、王燊成，2018）。三是存在形式主义倾向。第三方评估被误认为是"检查员"，社工机构会为了应付"项目过关"只是表面上"悉心"听取评估意见（徐选国、黄颖，2017），部分机构甚至会编造服务数据（袁同成，2016）。

最后，第三方评估的社会认可度低。表现在合法性不足，评估文化存在缺失，服务对象对评估的认识存在一定偏差。相对于评估机构，服务对象与社工机构之间的关系更亲密，在评估中会偏向社工机构讲优不讲劣（高丽、徐选国，2019）。而且，服务对象参与机制缺失，话语空间受到挤压，导致评估说服力偏弱（季璐等，2016）。

综上，目前学界关于社会工作第三方评估的研究缺乏对利益相关方互动关系和边界议题的系统探究，也缺乏从第三方评估机构的视角来看待问题，未能呈现评估机构所采取的行动和边界生产策略，容易忽略评估主体的能动性，不利于专业共同体构建。

因此，本文的研究问题是：在政府购买社会工作服务项目的第三方评估实践中，第三方评估机构如何在与主要利益相关方的互动关系中明晰边界议题，采取应对策略进行边界生产？

三 个案介绍

本文采用个案研究，以 X 市 Y 机构六年来对政府购买社会工作服务项目的第三方评估实践为个案展开研究。

（一）X 市社会工作第三方评估实践概述

自 2014 年以来，X 市先后出台了《X 市政府购买社会工作服务指南》、《X 市政府购买社会工作服务项目操作规程》（以下简称《操作规程》）与《X 市政府购买社会工作服务项目评估实施办法》（以下简称《评估办法》）。政策明确了对社会工作服务项目进行评估的机制、评估机构的准入资格。

2017 年 4 月，X 市成立了"X 市社会工作专家库"和"X 市资深社会工作实务人才库"（以下简称"两库"），"两库"成员统称"评估专家"。在《评估办法》中规定，在开展项目评估时，应按 1∶1 的搭配比例从"两库"成员中选择评估专家组建评估组。2022 年 5 月，X 市对"两库"成员的专业资质标准进行调整，经认定的"两库"成员共计 88 人。

（二）Y 机构简介

Y 机构是 2016 年在 X 市民政局注册成立的一家第三方评估机构，具备高校社工专业背景与丰富的专业资源。Y 机构自成立以来组建了拥有 60 余人的专家智库（包括部分"两库"成员），为 X 市 70% 以上的政府购买社会工作服务项目提供过第三方评估。

选择 Y 机构作为个案，主要是基于其代表性、深入性和完整性考虑。

（三）资料收集

2016~2022 年，研究者对 Y 机构进行了历时六年的评估实践跟踪，运用半结构访谈、参与式观察和文献资料等方法收集研究资料。多次访谈了 Y 机构内部 3 名评估工作人员（编号 A1 - A3）、5 名外部评估专家（编号 B1 - B5）、8 名社工（编号 C1 - C8）、8 名服务对象（编号 D1 - D8）、8 名政府（市、区和街道三级）部门购买服务对接人以及社区居委会负责人（编号 E1 - E8），共计 5 类 32 人。参与式观察资料包括项目评估中访谈利益相关方的记录 80 余份、Y 机构内部会议记录 50 余份、评估工作安排记录 50 余份、工作笔记 30 余份等，合计超过 10 万字。同时，还收集和援引与评估相关的政策文件 10 余份、Y 机构的规章制度 2 份、六年来的项目评估报告 100 余份等资料。

四 评估实践中的挑战和边界生产策略

分析Y机构六年来的评估实践,发现其面临四类边界议题挑战:(1)与外部评估专家之间不对等的合作关系;(2)与政府部门之间不对等的权力关系;(3)与社工机构之间的角色对立与角色期待差异;(4)与服务对象之间的疏远关系。同时,Y机构能发挥能动性,采取四类边界生产策略来应对(见图1)。下面将从评估主体(Y机构内部)、Y机构与政府部门、Y机构与社工机构、Y机构与服务对象四个维度展开分析。

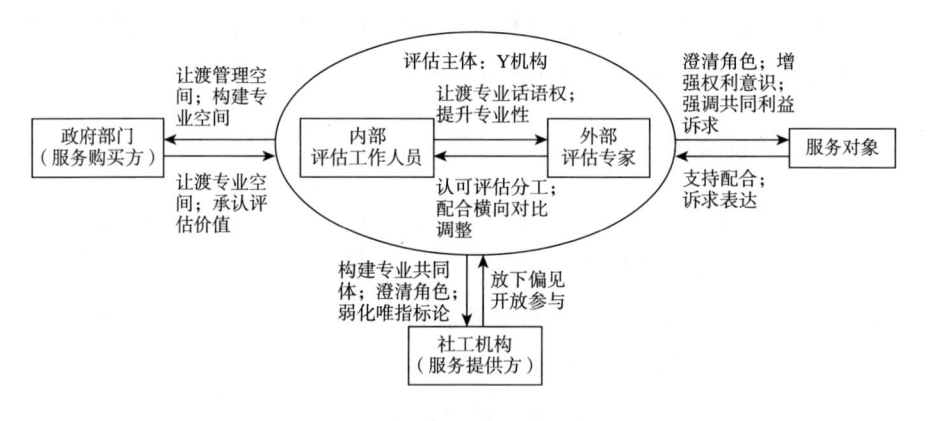

图1 Y机构的边界生产策略

资料来源:作者自制。

(一)评估主体:Y机构内部评估工作人员与外部评估专家

1. 议题与挑战:Y机构与外部评估专家之间不对等的合作关系

外部评估专家因项目评估需要受聘参与评估,是Y机构的智库成员;内部评估工作人员协助外部评估专家完成项目评估,对机构负责。身份和话语权差异,使双方的合作不对等。首先,外部评估专家有一定自利性。一是希望缩短评估时间,避免占用太多时间;二是可能出现外部评估专家忽略对评估伦理议题的关注。

内部评估工作人员(A2)一直在核查项目服务记录档案,一旁的外部评估专家（B3）看完自己负责的部分后便与社区居委会的负责人闲谈起来，其间多次询问 A2 是否完成材料核查，最后说："我下午还有事，如果影响不大，我们先合议分数吧……"A2 虽然认为这样做不太好，但无奈回应："可以。"（2019 年 9 月 6 日观察记录）

其次，外部评估专家话语权容易掩盖内部评估工作人员的角色作用。每位外部评估专家擅长的领域、性格和评估风格迥异，对项目的理解和专业标准的把控不尽相同，专家话语权容易掩盖内部评估工作人员的平衡调节作用。

内部评估工作人员（A1 与 A2）在合议分数环节发现，当天评估的两个项目在某一指标上的完成情况类似，但不同外部评估专家给出悬殊的分数。（2020 年 8 月 10 日工作笔记）

受专家身份与话语权影响，内部评估工作人员虽然也是"两库"成员，经手的项目评估数量远超外部评估专家，但她们较难统一规制外部评估专家的行为，平等与外部评估专家对话。

2. 边界生产策略：让渡专业话语权，提升专业性，厘清与外部评估专家的专业边界

Y 机构内部评估工作人员主要通过提升专业性来进行边界生产。具体而言，Y 机构采取甄选外部评估专家、让渡专业话语权、提升专业性、合理分配工作、横向对比把控评估分数等策略厘清与外部评估专家的专业边界。

首先，依据不同专家的投入度和专业性等进行甄别，挑选更专业、更投入的专家参与评估工作。

如果合作中发现敷衍对待、不认可机构价值理念与工作方法的[情况]，我们会尽量避免和这样的专家合作……机构每年会召开评估专家研讨会，讨论评估伦理和注意事项。（Y 机构副主任 A1）

其次，对评估工作进行明确分工，把控整体流程。查阅记录档案、核实服务量等细节性工作由内部评估工作人员负责，项目改进意见、评估报告撰写等专业性工作由外部评估专家负责，以此来厘清彼此之间的界限，提高工作效率。

> 在评估工作中，她们（A1、A2和A3）经常通过邮件、书面材料、微信和口头方式反复澄清分工……各自发挥自己的专长，让评估工作更高效。（外部评估专家B2）

最后，在让渡专业话语权的同时提升专业性。Y机构在一定程度上让渡专业话语权给外部评估专家，尊重专业权威。内部评估工作人员也积累了多年经验，专业性不断提高，通过横向对比，她们经常在合议环节引导或建议外部评估专家给出合理分数，减少偏差，提升专业作用，彰显Y机构评估的专业性，避免受制于专家权威。

> 专家只负责部分项目，不了解全市的项目，他们给的分数会偏高或偏低……我们会横向对比各类项目，比如按照指标完成情况通常会给多少分，引导专家给出合理分数。（Y机构评估主管A2）

（二）Y机构与政府部门

1. 议题与挑战：Y机构与政府部门之间不对等的权力关系

Y机构由高校教师和行业协会、专家联合发起，资金来源主要是政府部门。在评估机制方面，Y机构按照X市相关政策文件开展专业评估，因此，要对政府部门进行行政交代，满足管理主义诉求。

> 我们区非常重视第三方评估，一来是规定要求，要向上交代，经得起核查；二来是对购买经费负责，知道钱花得值不值。（某区民政局对接人E3）

最开始，我们以为评估工作只要对社工机构负责就行……较少与[政府]领导对接……但甲方[政府部门]认为我们要更多地和他们"交流"。（Y机构副主任A1）

政府部门对Y机构的评估工作拥有指导、建议与审查的权力。比如，会对评估指标进行调整，优先获得评估报告，建议调整内容，对评估工作展开巡查等。尽管Y机构与政府部门依据委托合同确立合作关系（张劲松，2014），但因权力关系不对等和政府的行政惯性，隐性边界无法被规制，感觉政府部门随时会"越界"。

第三方评估要接受政府部门的巡查和指导，看看评估经费使用是否合理，评估报告结果是否客观真实、符合政策和文件要求。（某区民政局官员E5）

有的购买方看重财务情况，会提议将财务指标调整为5分；有些会特别交代在出具正式报告前，先把评估结果发过去，他们会[对内容]进行适当的调整和指导。（Y机构副主任A1）

2. 边界生产策略：让渡管理空间，厘清与政府部门的管理边界，争取和构建专业空间

本文中，外部评估专家与评估主体Y机构被视作一个整体来看待（见图1）。

在与政府部门的互动中，Y机构的边界生产策略主要是：让渡一部分管理空间，争取和构建自己的专业空间。一方面，承认政府部门的管理职能，让渡适度的管理空间，强调评估委托合同的权责要求，从专业角度细分评估流程和工作内容，突现评估工作的专业规范，以此厘清与政府部门的管理边界。

我们首先得换位思考，理解和尊重政府部门的管理主义诉求……[我们]会认真履行评估委托合同的要求、评估规范，完成对政府部门

的交代。(Y 机构副主任 A1)

另一方面，Y 机构通过多年积攒的专业、规范和公正的评估口碑，增强在第三方评估领域的话语权与影响力。同时，利用专家智库力量，向市、区民政局、街道办事处等政府部门提交"阶段性评估工作总结报告"，反馈"社会服务观察报告"，组织召开第三方评估培训和交流会，在与政府部门的对话中争取专业空间，使政府部门在履行契约的同时适度让渡专业空间，承认评估的专业价值。

Y 机构一直在积极发声，希望能提升社工专业价值。比如，倡导社工项目采用三年期购买，给社工机构更充足的时间做出服务成效；深度参与我们区社工项目评估指标的修订，给出专业建议。(某区民政局对接人 E3)

(三) Y 机构与社工机构

1. 议题与挑战：Y 机构与社工机构之间的角色对立与角色期待差异

面对 Y 机构的评估，社工机构呈现三种态度：(1) 积极参与；(2) 重结果轻过程；(3) 被动消极和认知偏差。第一种态度，对各方的促进明显，体现了评估的价值和专业共同体的共建。第二种态度，社工机构看重评估结果，目的性强，而忽略评估的专业作用。下面这个互动情景有一定代表性。

在评估某项目核实服务量时，评估专家发现项目社工将同一场活动分别放在两个类别上重复计算，便与社工核实，表示这样重复计算不合理，社工 (C4) 则无所谓："那行吧。那就放在其他类吧。"同时，评估专家访谈社区居委会负责人时，了解到社工与居委会几乎没有工作对接与沟通，非常不满，但这些与社工汇报的情况完全不一致，便进行核实。

评估专家 (B2)："你们和社区居委会沟通情况怎样？有相关记录吗？"

社工（C4）："没有。我每次找他，他都不回复我消息。"

评估专家（B2）："……评估时我很少面质具体情况……刚才我们问同一场社区活动的场次计算、与居委会的对接与沟通等，[我们发现]你们没有依据，想怎么放就怎么放，想怎么说就怎么说……担心这样会把社工招牌做坏。"

社工没有回应，扭头走开。

从后续深入了解获知，该机构和社工对待评估的目的性很强，只想方设法获得高分，甚至有些做法违背职业伦理。

第三种态度，不仅体现在消极态度上，还体现了对评估的认知偏差。

有些机构从一开始就抱怨、抗拒评估……有一次，评估专家在给社工反馈意见时，遭到社工的对抗……社工气愤地站起来，双手摆在桌子上，很生气地说："评估是来指导我们的，而不是给我们挑刺的。"（Y机构评估主管A3）

有的社工机构认为Y机构是来检查服务资料的，声称"只要把活动材料做得好就能拿高分"；有的混淆了评估的角色和功能，认为Y机构应扮演督导和顾问角色。在听取评估专家现场反馈后，有的社工表面上恭敬接受；有的则直接不接纳、不认可，甚至在现场与评估专家对质和争辩；有的则对评估专家的态度、评估方式不满，转而向民政局或相关部门投诉。

[评估]专家每次都会说项目品牌……可社工的教育里面根本没有讲过……我们根本不知道要从何做起。建议倒是简单，但做起来真的很难。（某机构社工C2）

不难看出，Y机构与社工机构因角色和期待差异，容易产生不平等的专业关系；社工机构对评估的认知、态度与行为的差异，易使双方形成明显的对立关系。

2. 边界生产策略：强调专业共同体构建，澄清角色，弱化唯指标论，消弭与社工机构之间的角色对立

在与社工机构的互动关系中，Y机构的边界生产策略主要是：强调专业共同体构建，澄清评估角色，弱化唯指标论，消弭角色对立。首先，在评估实践中强调与社工机构一起构建"专业共同体"的职责和使命。虽有管理主义诉求，但Y机构强调专业主义导向，也是专业共同体的重要组成部分。因此，Y机构在评估现场问询、反馈意见时的态度与语气，偏向温和与委婉，体现专业性，避免彰显政府授权的评估权力。

> 作为专业评估，要明白我们与社工机构的平等性，要以谦恭的态度与社工沟通，不要有太犀利或颠覆性的评价，避免激起冲突。（评估专家B1）

Y机构会协同社工机构，促成项目的持续购买，推动专业共同体构建。同时，澄清第三方评估与督导角色的不同，避免社工机构对第三方评估的角色混淆和认知偏差。

> Y机构会经常澄清评估的角色，在现场评估最后阶段会集中反馈对项目的评价和建议，在评估报告中也会详细呈现。我们越来越清晰评估与督导还是有明显区别的。（某社工机构负责人C1）

其次，弱化唯指标论。减轻评估指标给社工机构带来的压力，关注专业服务本身。对于不合理的评估指标，Y机构会与购买方和社工机构一道做出调整，引导评估更多关注专业服务。在合议评估分数时，也会横向对比其他项目，兼顾实际服务成效、机构的生存压力等因素，做出恰当评分。由此，社工机构的态度有明显改观。

> 某区规定末期评估分数如果达不到80分，会直接影响到尾款拨付。……考虑到项目持续性给社工机构带来的压力，我们在合理范围内会酌情考量……五年来，很多机构对待评估的态度有明显转变，大

多数从抗拒到开放,到接受、积极配合,证明我们评估的专业性得到认可。(Y机构副主任A1)

(四) Y机构与服务对象

1. 议题与挑战:Y机构与服务对象之间的疏远关系

对Y机构的身份和角色的认识,服务对象开始时存有偏差,会误认为是"上级政府"检查工作。服务对象与社工机构之间有更多互动、紧密的信任关系,而与Y机构的关系更加疏远。参与评估现场访谈的服务对象往往是那些积极参与社区活动的居民,对服务较为熟悉,与社工机构和社工关系较好。因人情关系,服务对象一般倾向于表达对社工的肯定和感激,与社工机构形成"合谋"关系。

"社工人很好","社工不容易,一定要给他们加工资","我们很喜欢社工办的活动,希望能继续","给我们的生活带来了很大帮助"。(服务对象D1-D8常说的话)

服务对象较少主动谈及项目和服务的不足之处,使得他们反馈的内容有些程式化,在一定程度上影响了评估的有效性和可信度。而且,大多数服务对象没有认识到自身的权利,不能清楚地表达诉求,不太懂得如何运用评估意见反馈的机会来获取更多服务,他们对服务内容的话语权和主导性默认让渡给了社工机构和社工。

我也不清楚社工应该提供哪些服务,只要是活动,我都觉得挺好的,如果有时间就会过来。现在大家的生活都不错,有地方活动就不错了。(服务对象D7)

我觉得很多服务对象不清楚自己是有话语权的,可以向我们或社工机构表达诉求,提出更多服务需求,让服务更丰富、更有针对性。(Y机构副主任A1)

2. 边界生产策略：澄清角色，构建信任关系，增强服务对象的权利意识，强调共同利益诉求

在与服务对象的互动关系中，Y 机构采取的边界生产策略主要是：澄清第三方评估的角色，构建与服务对象之间的信任关系，提升他们的参与度，增强其权利意识，激发其表达诉求。

首先，Y 机构会澄清第三方评估的角色和身份，明确评估目的，进而构建与服务对象之间的信任关系。

> 我们是受政府委托的第三方专业评估机构，不是政府部门，也不是来检查工作的，主要目的是客观、公正地评估这个项目的服务成效，以便为大家提供更好的服务。希望能了解大家对服务的真实感受……（2019 年 3 月 19 日评估现场记录）

其次，评估专家会强调增强服务对象的权利意识，激发他们表达诉求，运用访谈技巧尽量挖掘服务对象的真实需求、期待与建议。在评估某老年服务项目时，评估专家（B5）对前来参与评估的老年人说："大家对服务有知情权、参与权和提建议的权利……大家有什么建议可以直接讲出来。"

最后，为了提升服务对象信息反馈的真实性，Y 机构会随机抽取服务对象，通过现场或电话进行访谈，更好地体现评估的专业角色和价值。通过这些策略，Y 机构一方面澄清自己的专业角色，另一方面强调对服务对象的赋权增能，让其意识到合理表达利益诉求的权利。

五 讨论与结论

（一）讨论

首先，边界概念在社会工作领域的重新审视。文献更多关注微观视角下社工在直接服务实践中与服务对象的专业边界（Doel et al.，2010）和宏观视角下的政社边界（魏娜、刘昌乾，2015；张偲、温来成，2018），很少关注中观层面多元主体的互动边界，以及分析服务输送过程中社工机构的边界生产策略（黄晓星、杨杰，2015）。如以合作社与地方政府的互动博弈为例研究组织边界再生产的实践机制，社工机构与街道、居委会合作过程中形成"有边界合作"的新型关系，描述了社会组织与政府部门间的边界，缺乏对第三方评估机构的关注（方英，2020）。而本文拓展了社会工作第三方评估机构与外部评估专家、政府部门、社工机构、服务对象等主要利益相关方之间的边界议题与挑战，以及相应的应对策略，将边界生产议题的讨论延伸到第三方评估实践场域。

其次，第三方评估机构与主要利益相关方的模糊边界值得深入探讨。有文献阐释了评估机构与政府部门模糊的边界关系，与社工机构之间"间隔"的边界关系（袁同成，2016），以及与服务对象疏远的边界关系（高丽、徐选国，2019）。本文的研究发现呼应了这些观点，而且进一步探讨了模糊边界的原因及其影响。各利益相关方因立场和角色不同，对Y机构的角色认知与功能期待存在差异，从而使Y机构在评估实践中陷入互动"泥泞"。以往研究都是站在评估实践场域外片面、静态地分析问题与不足，如评估身份合法性缺失、评估制度规范缺失与专业合法性有限等（赵环等，2015），而本文从Y机构所处的行业背景与历时多年的评估实践场域出发，深度考察各利益相关方对评估实践和边界的形塑。关于边界模糊的影响，研究发现，Y机构与政府部门之间模糊的边界关系加剧了评估机构对政府资金与政策的依赖性，政府部门不定期的审查使得Y机构更加注重对政府部门的行政交代，加重管理主义色彩。以往研究认为评估机构与社工机构的区隔边界主要在于后者对评估方式方法的不满与消极对待，而本文认为，这种区隔边界具体表现为社工机构在认知、态度、言语与行为等层面呈现的偏见、隐忍、对抗、冲突与相互博弈，"专业共同体"的构建有待进一步加强。另外，本文发现，Y机构与服务对象的疏远关系会加剧服务对象与社工机构的"合谋"关系，服务对象的意见反馈有流于形式的倾向，而Y机构所采用的澄清角色、增强服务对象的权利意识，以及强调共同利益诉求，则是构建专业边界的基本策略。

最后，Y机构边界生产中的能动性与专业性。当前政府购买服务中政社权责边界难觅（张劲松，2014），模糊边界形塑不同的政社关系，从边界模糊到清晰意味着国家与社会的关系需要重构（陈天祥、郑佳斯，2016），从而产生新的边界（黄晓星、杨杰，2015）。政社边界的相对性、模糊性带来了互动的可能性（曾永和，2012），社会组织才可能在制度缝隙中形成新的互动边界，拓展专业空间（梁晨，2016）。与文献相呼应的是，本文也发现Y机构在与各利益相关方的互动中具备厘清边界的能动性和专业性，能从模糊边界中采取边界生产策略，促成有效评估，体现了评估价值。但本文指出，Y机构在评估实践中特别注重"专业共同体"的构建，在厘清专业边界的同时，尤其重视社会工作行业的发展，这是第三方评估的初心和归属。此外，还具体阐述了Y机构在边界生产过程中具体能动性的发挥，例如，Y机构与外部评估专家、政府部门之间的边界模糊不清，积极采取甄选外部评估专家、让渡专业话语权、提升专业性、构建专业规范等策略。另外，文献已提出积极导向的边界设定模式，即以动态、协商、关联与包容的视角看待社会工作的专业边界（Llewellyn，1994，1998；Oldenhof et al.，2016）。与此类似，本文指出，第三方评估机构的边界生产策略亦不是以割裂、片面或充满偏见的视角，而是强调在平等互动中适合时宜地协商来构建边界。

（二）结论和启示

在社会工作第三方评估实践中，Y机构面临多种边界议题与挑战，同时能发挥能动性，采取相应的边界生产策略来应对，推进专业、规范的评估工作。具体而言，针对内部评估工作人员与外部评估专家之间合作的不对等，侧重甄选外部评估专家，在让渡专业话语权的同时提升内部评估工作人员的专业性，合理进行评估工作分工，横向对比把控评估分数等策略。针对与政府部门之间不对等的权力关系，Y机构会适度让渡管理空间，厘清与政府部门的管理边界，争取和构建专业空间。针对与社工机构之间的角色对立和角色期待差异，Y机构强调专业共同体的构建，澄清评估角色，弱化唯指标论，以此来消弭角色对立。针对与服务对象之间的疏远关系，主要是澄清专业角色，构建信任关系，提升他们的参与度，增强其权利意识，激发其表达诉求。

有两点重要启示。其一，对于社会工作第三方评估机构，明晰如何界定与不同利益相关方的边界和互动关系，当面临边界议题挑战时，可以发挥能动性，采取相应的边界生产策略来应对。其二，对于政府部门、社工机构、服务对象而言，需要在评估实践中认识各自的角色和功能，并以合适的身份参与其中，共同推动社会工作专业共同体的构建。

参考文献

陈天祥、郑佳斯，2016，《双重委托代理下的政社关系：政府购买社会服务的新解释框架》，《公共管理学报》第 3 期。

方英，2020，《有边界的合作：项目制下社会工作机构与街道办、居委会的新型关系》，《社会科学文摘》第 10 期。

高丽、徐选国，2019，《政府购买社会服务第三方评估的合法性困境及其重构》，《社会建设》第 6 期。

顾江霞，2017，《控制论视角下第三方评估机制分析——基于 H 市社区治理评估项目的案例研究》，《社会工作与管理》第 3 期。

管兵，2015，《竞争性与反向嵌入性：政府购买服务与社会组织发展》，《公共管理学报》第 3 期。

黄晓星、杨杰，2015，《社会服务组织的边界生产——基于 Z 市家庭综合服务中心的研究》，《社会学研究》第 6 期。

季璐、王青平、范炜烽，2016，《社会治理视阈下政府向社会力量购买公共服务评估研究——基于长三角地区的调查》，《江苏社会科学》第 6 期。

梁晨，2016，《试探与博弈：权力让渡过程中的社会组织行动空间与边界——以 A 市某社会组织为例》，《社会发展研究》第 4 期。

孙佳伟、范明林，2013，《理性选择视野下政府购买社会组织服务研究——以 W 街道购买养老服务为例》，载王思斌主编《中国社会工作研究》第十辑，北京：社会科学文献出版社。

王家合，2019，《政府购买社会工作服务的利益相关者分析——基于利益"要求－冲突－协调"的框架》，《求索》第 1 期。

王浦劬，2015，《政府向社会力量购买公共服务的改革机理分析》，《北京大学学报》（哲学社会科学版）第 4 期。

魏娜、刘昌乾，2015，《政府购买公共服务的边界及实现机制研究》，《中国行政管理》第 1 期。

徐选国、黄颖，2017，《政社分开与团结：政府购买社会服务第三方评估的风险及其治理——基于 S 市的评估实践》,《社会工作与管理》第 2 期。

徐选国、杨君、徐永祥,2014,《政府购买公共服务的理论谱系及其超越——以新制度主义为分析视角》,《学习与实践》第 10 期。

姚进忠、崔坤杰,2015,《绩效抑或专业:我国社会工作评估的困境与对策》,《中州学刊》第 1 期。

尹阿雳、赵环,2018,《审核与增能:社会工作服务机构评估模式的整合升级——基于深圳市社工服务机构评估(2009—2016 年)的经验反思》,《社会工作与管理》第 1 期。

袁同成,2016,《当前政府购买社会组织服务评估模式存在的问题及对策》,《社会科学辑刊》第 1 期。

岳经纶、王燊成,2018,《社会服务管理中的管理主义与专业主义张力:基于政府购买社会服务的分析》,《行政论坛》第 1 期。

曾永和,2012,《关于公共管理主体的边界及其互动——政社合作的理论与实践思考》,《社团管理研究》第 3 期。

张偲、温来成,2018,《论我国政府购买公共服务的边界》,《地方财政研究》第 4 期。

张劲松,2014,《政社关系的时代困境与协同途径》,《人民论坛》第 2 期。

张洋勇,2020,《嵌入、服务与发展:农村社会工作嵌入性发展的实践过程——以福建省 DC 村项目为例的个案研究》,载王思斌主编《中国社会工作研究》第十八辑,北京:社会科学文献出版社。

赵环、徐选国、杨君,2015,《政府购买社会服务的第三方评估:社会动因、经验反思与路径选择》,《福建论坛》(人文社会科学版)第 10 期。

Cooper, F. 2012. *Professional Boundaries in Social Work and Social Care: A Practical Guide to Understanding, Maintaining and Managing Your Professional Boundaries*. London: Jessica Kingsley Publishers.

Doel, M., Allmark, P., Conway, P. et al. 2010. "Professional Boundaries: Crossing a Line or Entering the Shadows?" *British Journal of Social Work* 40 (6): 1866 – 1889.

Gieryn, T. F. 1983. "Boundary-Work and the Demarcation of Science from Non-Science: Strains and Interests in Professional Ideologies of Scientists." *American Sociological Review* 48 (6): 781 – 795.

Halffman, W. 2003. *Boundaries of Regulatory Science*. Amsterdam: University of Amsterdam.

Hernes, T. 2004. "Studying Composite Boundaries: A Framework of Analysis." *Human Relations* 57 (1): 9 – 29.

Llewellyn, S. 1994. "Managing the Boundary: How Accounting Is Implicated in Maintaining the Organization." *Accounting, Auditing and Accountability Journal* 7 (4): 4-23.

Llewellyn, S. 1998. "Boundary Work: Costing and Caring in the Social Services." *Accounting, Organizations and Society* 23 (1): 23-47.

Oldenhof, L., Stoopendaal, A., & Kim, P. 2016. "From Boundaries to Boundary Work: Middle Managers Creating Inter-Organizational Change." *Journal of Health Organization and Management* 30 (8): 1204-1220.

O'Leary, P. & Tsui, M. S. 2019. "Scope of Social Work: Boundaries, Components, Criteria, Targets or Standards?" *International Social Work* 62 (6): 1467-1468.

Schneider, S. C. 1987. "Managing Boundaries in Organizations." *Political Psychology* 8 (3): 379-393.

【学校社会工作研究】

社区化育人与专业社会工作介入：
迈向多元共治的高校德育工作

——以东莞理工学院学生工作创新为例[*]

吴 同[**]

摘 要 高校德育教育的目标是促进学生全面发展，然而当前学生工作机制不畅，难以有效发挥作用，使得原子化的学生游离于育人工作体系以外。本文以东莞理工学院驻校社会工作探索实践为例，探讨何为社区化育人以及专业社会工作团队在其中可以有何作为。实践表明，社区化育人模式积极回应了全员、全方位、全过程的三全育人的要求，专业社会工作团队在其中发挥着赋能激活、促进参与和助人自助的作用，为高校治理现代化提供了新场所和新模式。随着高校教育的转型和改革深化，迈向多元共治的高校学生德育工作格局是未来不可避免的趋势。

关键词 德育工作 社区化育人 社会工作 多元共治

---

[*] 本文系教育部人文社会科学研究规划基金"中国基层柔性治理与社会工作的专业回应研究"（19YJC840043）和上海市"中国特色的转型社会学研究"社会科学创新研究基地成果。

[**] 吴同，华东师范大学社会发展学院副教授、硕士生导师，主要研究方向为社区治理、青少年社会工作。

一 引言与问题提出

党的十八大报告提出,"把立德树人作为教育的根本任务,培养德智体美全面发展的社会主义建设者和接班人"。此后,习近平总书记围绕立德树人这一教育的根本任务做出了许多重要论述,提出了明确要求。党的十九大报告进一步强调"要全面贯彻党的教育方针,落实立德树人根本任务"。道德教育的本质是道德的内化,从学生的发展性需要出发,将国家观念和社会观念转化为个人观念。虽然近些年,随着课程思政建设的不断推进,道德教育与大学课程深度融合,但是在课程以外的高校学生日常管理方面一直存在育人工作无法嵌入学生课余生活甚至相互分离的现象。特别是高校后勤社会化改革之后,高校学生生活区域长期以来没有得到足够的重视,教学区与生活区的分离以及生活区行政化的特点使学生生活区更多被看作学校的管理单元,在学生德育教化方面的角色及功能较为薄弱。

从党中央对育人工作的要求来看,高校德育工作必然要向学生本身回归,从根本上看这需要对现行大学行政化的学生工作组织机制进行调整从而使其适应学生的特点和需要。新制度主义学派认为,某一组织之所以采取一种制度,并不是因为它提高了组织的效率,而是因为它提高了组织或其参与者的社会合法性(李振,2013)。迈耶(John W. Meyer)指出,对组织行为的调查不仅要考虑组织本身的技术环境,还要考虑其制度环境,即人们"广泛接受"的法律法规、社会规范、文化期望、思想和其他社会事实(周雪光,2003),也就是说,组织要适应所处的文化环境,从而获得认同和支持。随着信息技术的广泛应用和多元价值观的发展,被称为"互联网一代"的"00后"大学生在生活、行为、情感和价值等方面开始从集体主义转向个人主义,呈现以自我为中心和多重复杂性的特点(范迎波,2018)。大学的学生管理机制应该如何适应新时代大学生的文化环境与互动交流方式?

近几年学生工作的重心向学生社区建设倾斜,① 学生集体生活区逐渐作为高校学生工作的突破口和学生思想政治工作的创新实践阵地。高校开始在学生社区建设共享空间,通过组织建设、服务提升、技术升级,在一定程度上实现育人工作向学生生活延伸的需要。不过,由于高校学生工作行政化的路径依赖(王洛忠、陈江华,2015),制约着高校学生工作的功能拓展,学生工作从"防"和"堵"向"引"和"疏"转变,但学生的主体性依然没有得到重视,高校学生工作急需理念的转变和服务方式的创新(方劲,2011)。同时问题化的视角使学生工作仍难以有效回应学生个性化需求,难以从学生能力和优势出发激发他们的潜力和动能。

中央对于高校德育工作强制性(coercive)转型的压力(DiMaggio and Powell,1991),带来一个新的问题:转型后的学生工作机制是否能够在学生的文化土壤中扎根?研究者针对学生社区建设进行经验研究,并提出改善的对策和建议。如史龙鳞和陈佳俊(2021)通过对浙江大学的考察提出在学生社区进行四类机制构建,即空间整合机制、主体聚合机制、服务融合机制、技术支撑机制,将学校的管理目标与社区建设相结合。吴健波和储丹华(2014)将"柔性管理"理念引入学生社区管理,提倡采用非强制方式将组织意志转化为学生的自觉行动。康娜等(2020)从理念出发,认为高校学生工作应该与国家治理理念相结合,从价值、制度、组织、协同出发,不断推进学生工作治理体系和治理能力现代化。王寓凡和杨朝清(2019)把学生社区看作情感共同体,可以通过符号化、仪式性的社区活动来强化社区学生的共同情感和集体记忆,以塑造稳定、和谐的高校社区。董焕敏和李智军(2010)以大学生公共精神为着力点,提出利用社区环境,调动学生参与社区管理的积极性。

上述研究主要涉及三个方面的内容,即学生社区管理体制调整、学生社区管理理念更新和学生主体意识增强,这些研究更多的是单面向的,并

---

① 2020年4月,教育部等八部门联合颁布的《关于加快构建高校思想政治工作体系的意见》提出,要"推动'一站式'学生社区建设。依托书院、宿舍等学生生活园区,探索学生组织形式、管理模式、服务机制改革,推进党团组织、管理部门、服务单位等进驻园区开展工作,把校院领导力量、管理力量、服务力量、思政力量压到教育管理服务学生一线,将园区打造成为集学生思想教育、师生交流、文化活动、生活服务于一体的教育生活园地"。

不能回应系统运作的问题。本文尝试以东莞理工学院"双工联动、社区育人"学生工作机制创新作为研究对象，基于对该案例的深入研究和探索，尝试回答以下问题：何为社区化育人？社区化育人模式如何破解行政化带来的学生工作组织间协作不畅、下沉有限的问题？专业社会工作者在社区化育人中的角色和作用，如何能够获得学生认同并构建起持续参与的内生机制，如何将大学学生社区从单一管理引向多元共治？在中央对高校学生德育工作高度重视的背景下，将学生视作能动主体，引入社区工作方法理念，与专业社会工作力量相结合，为破解中国高校育人困境提供了可供参考的解决方案。

二 当前高校德育工作挑战的新制度主义解释

从社会学新制度主义来看，组织处于复杂的"技术关系"和"交换网络"的制度化环境之中（Meyer and Rowan, 1977）。除了考虑"如何做"的技术问题，还需考虑制度环境的不同要素对行动者认知方式、身份认同和意义建构的作用。制度的危机往往来源于两个层面：一个是结构层面，另一个是行动层面（豪尔、泰勒、何俊智，2003）。结构层面指组织群体以及组织群体之间的网络形成的行为体系；行动层面指制度本身被接纳的程度，例如，制度的规制要素、规范要素和认知要素三个层面发生了不一致，导致制度内部产生张力（孙芫，2021）。具体来说，在高校的学生工作制度中，结构层面的问题表现为学生工作不同组织横向与纵向之间的互动关系存在不足，具体为制度执行无法有效回应需求；行动层面的问题表现为制度的社会合法性问题，也就是说，制度是否能够在执行中得到学生认可和支持。

（一）制度结构的失衡：学生工作的行政主导与弹性不足

中国高校学生工作当前普遍实行"分级管理、条块结合"的组织结构和运行机制（见图1）。类似于社区管理中"两级管理、三级网络"的架构，学生事务管理的职能机构和工作人员主要是在校、院（系）两级，而在学生层面主要是通过班级、学生党支部（或团委）相关组织进行延伸。

总体来说，我国高校的学生管理工作队伍由党团工作者、各级学生工作职能部门和辅导员三部分人员构成。

具体来说，由学校党委副书记和副校长共同负责校级的学生工作，以学校党委副书记为主。同时设立以学生工作处、校团委、心理咨询中心为核心的学生工作主体（张钦文，2010）。院级承接学校各部门的指令和要求，具体由学院副书记和副院长负责，由院学生工作办公室、院团委的学生工作人员执行，并主要由辅导员进行落实、管理和监督。

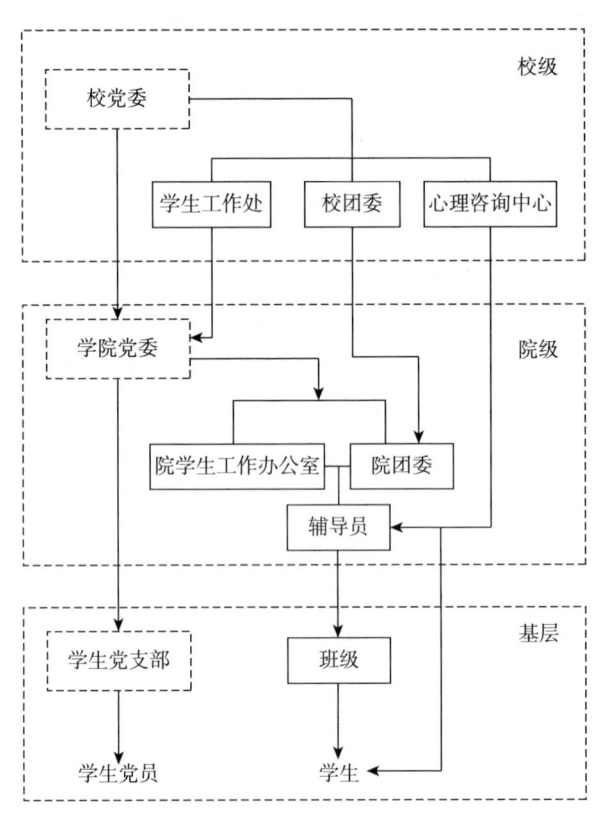

图 1 当前高校科层化为主导的学生工作管理体系

这种学生工作管理模式将班级作为主要载体，注重灌输教育和规范约束。一方面，这种集体管理模式注重自上而下，采用被动应对的方式对问题进行补救，忽视学生的主动性和参与性，而难以适应当前从学生发展性需求出发的育人要求（赵芳，2004）。尽管学校会在优秀的学生中培养党员以及学生骨干，但是这更加偏向于一种人才选拔机制而不是动员机制，也就是说,党员和学生骨干与其他普通学生的关系是割裂的,并没有起到组织、联系和发动的作用。同时以宿舍、班级为单位的集体组织和集体行动也难以满足学生个性化成长与发展的需求,学生无法得到个体的辅导和服务,不利于学生人格的全面发展。

另一方面,当前高校学生管理体制除了科层制所产生的工作僵化弊病以外,还存在"条块分割"(谢鸿全、周小波、高大海,2014)和"注意力"分配不足(Cyert and March,1963)的现象。从条块分割来看,以学生工作处、团委等为主的学生条线管理部门和以学院为单位的基层学生管理部门在横向和纵向关系上都呈现封闭管理的方式,条线部门之间缺乏互动联系,而条块之间又多以指标任务派发工作,以会议、通知等方式传达工作,存在互动较少而交流信息不足等问题(成洪波,2015a)。而在"注意力"分配问题上,赛尔特(Richard M. Cyert)和马奇(James G. March)在观察组织决策的过程中发现组织的有限理性与注意力分配现象,由于组织的信息处理能力有限,当面对复杂的外部环境时,在决策过程中组织的注意力分配受到组织制度环境的影响(周雪光,2003)。从学生管理工作来看,受到指标化、任务化的科层环境影响,各个部门将更多的注意力放在了能够显示绩效的工作领域,更多体现行政要求、政治要求、效果要求,而对于需要建立信任、互动沟通以及需要对学生持续施加影响的领域关注不足。

(二)认同资源的匮乏:个体主义的学生文化与对管理的逃避

除当前高校学生管理工作的组织架构与运作方式存在不足以外,大学生这个群体的观念和行为也在发生快速的变迁。

"00后"作为一个整体步入大学,这批被称为"数字原住民"的新生代一出生就与网络信息时代无缝对接,受智能电子产品、数字技术、即时通信等影响比较大,他们的人生观、价值观以及生活、交往方式给学校学生工作带来了全新的挑战。具体来说,新时代的大学生在认知和行为模式上均体现出与传统集体主义迥异的新取向:受到多元价值和文化的影响,他们具有更强的独立意识,更加追求个体的价值,对个性的追求让他们不介意外界的眼光而特立独行,同时网络化的娱乐与生活方式让他们进一步减少了与周边环境的互动、与同学之间的交往以及参加学校的各类活动，不太关注外界环境的变化（王海建，2018）。这些形塑了高校学生原子化的生活方式，使他们表现出"为自己而活"的个体化特征。本文研究团队在对S大学本科生进行调查时发现，50.3%的学生"除了班级同学，认识的同学"少于10人（其中有4.8%的学生"一个都不认识"，25.3%的学生"只认识1~5人"）。从这组数据可见，目前大学生原子化状态程度已经相当严重，学校中存在的各类组织（班级、宿舍、社团、学生会等）都无法有效凝聚学生。同时在学生中呈现双极化的状态，一极是现实和理性，他们认识到自己已经不再是"天之骄子"，开始积极应对未来的工作和学习；另一极表现为佛系、无欲无求，虽然他们中的大部分人并不是一种消沉的状态，但是失去了年轻人应有的积极向上的面貌，人生观、价值观陷入迷失状态，虽然在互联网上勇于表达自己的想法和观点，但是不愿意走出网络多与人交往，对学习和集体活动提不起兴趣。另外，学生心理问题的普遍化让学生工作面临更大的挑战，抑郁、焦虑、情绪低落、缺乏学习动力以及环境适应不良广泛存在于大学生群体中，2018年一项针对"00后"大学生的心理健康情况研究显示，近半数学生认为自己存在不同程度的心理问题（马川，2019）。

  高校的学生管理工作还面临规则和意义的重构，学生对学校管理的认同度不高，对学校规章的执行缺乏普遍认可。制度的基础是"共同意义"的建构，即行动主体对符号和意义逐渐获得理解、达成共识并形成信念的过程（郭毅、徐莹、陈欣，2007）。如果制度的建立缺少相应的价值基础，不能在文化认知上为人们所接纳，那么制度变迁的结果注定是不稳定的或是失败的。随着大学教育变成一种消费投资行为，家长和学生更多地以教育消费者的心态来评量学校的管理工作，认为应该获得更多的服务，而不是被管制。当前高校针对学生管理所制定的规章制度以及所进行的学生活动存在与学生的思想观念和文化期待的张力，难以引起"00后"大学生的情感共鸣与广泛认同。随着学生的自我意识不断增强，他们藐视权威，要求对个性的尊重，要求平等对话。管理者的权威在学生眼里不再是神圣不可侵犯的，发号施令的权威只能产生即时的表面效果，但却埋藏着很深的隐患（龚学锋，2012）。

三 社区化育人模式的实践与专业社会工作的耦合

（一）社区化育人的实践样板

大学生在精神情感、生活交往方式以及观念认知上的转变都对高校学生管理方式提出了严峻挑战，创新学生培养理念与实践机制，增强学生工作体系的活力，已成为当前高校治理创新的重要任务。

东莞理工学院是坐落于广东省东莞市的一所省属高水平理工科大学，现有全日制学生2万名左右。2013年6月，学校开始启动实施"社会工作进校园促党建"项目，采取购买服务的方式，由东莞市普惠社会工作机构在学校建立服务中心，派出专业社会工作者开展新生适应、心理健康、学生社区活动等专业服务，与学校行政化主导下的学生工作团队共同推动学生工作创新，促进大学生成长成才。

东莞理工学院创新性地提出"双工联动"的理念，即社会工作团队、学生工作队伍联合开展学生工作，通过职责划分，在学生日常管理工作中，高校原有学生工作队伍可以将工作重心转移至思想政治教育以及传统的学生日常事务管理工作，而社会工作团队则是将学生住宿区看作生活社区，偏重于社区参与、社区骨干与社区组织建设以及学生的特殊需要与干预。

在取得良好效果的前提下，学校进一步推进该项工作。2017年，成立了二级教学机构"社区知行学院"，并对社会工作服务进行机制保障、经费保障、人员保障，对学生社区工作提能增效，具体表现在以下三个方面。（1）社区知行学院以"知行合一、立德树人"为目标，将社会工作服务中心列为工作部门。在7个学生住宿区各设学生辅导员6名、驻校社会工作者2名、社区服务管理员5名，组建了一支多元融合的社区服务工作队伍。（2）"双工联动"常态化机制建设。在共同目标驱动下，从社区建设方案制定、社区服务实施到社区建设经验提炼，双方形成了理念和资源上的联动。学生工作队伍发挥服务广度优势，为社工开展专业服务提供制度、场地、资源等支持；社工团队则发挥服务深度优势，为学生工作人员（以下简称

"学工")推进社区建设提供理念、方法及学生需求调研等支持，做到难题共研、经验互学、相互支持，使社区建设的形式及内容更加多元化、人性化。(3)学校将建章立制作为推动社区建设的重要制度动力，先后出台《学生社区工作委员会工作职责》《个案双向转介机制》《驻校社工行为守则》《"双工"联动实施细则》《学生社区公约》等制度，明确了学工、社工及学生组织的工作分工和权责边界，保证社区建设过程中资源协调、活动开展、工作谋划的有序推进。

经过8年的实践探索，2021年，以社区化育人为主要内容的学校管理工作改革获得了广东省高等教育教学成果奖二等奖，并入选广东省思政工作精品项目。据不完全统计，自该项目开展以来，先后接待了国内外高校和教育管理部门的领导、专家考察192场次，产生了较强的辐射效应，在推进高校德育工作改革上做出了很好的探索。

(二)专业社会工作有效提升社区化育人的行动策略

从既有高校工作理论与实践经验来看，改变组织结构、转变育人理念与育人方式是面对当前德育工作要求最理想的转变。具体来说，在组织结构层面，学生管理部门应该形成协同互动并向学生层面下沉与嵌入；在组织行动层面，管理部门应该转变理念，将学生从德育工作的客体转变为主体，并且重视对个体的关护。

如何将高校德育工作落到实处，并将以上三个方面整体性融合从而发挥育人工作的效应？在高校总体性管理框架不发生变动的情况下，从极其重要但却被长期忽视的学生住宿区出发，采用"社区化育人"的模式来提升育人成效是非常有效的路径。所谓"社区化育人"，是指将高校德育工作下沉到学生的住宿区，运用专业方法和理念，提升学生自主性，增强其凝聚力，将学生从管理客体转变为参与主体从而达到立德树人目标的过程与机制。相比已有的高校"一站式"社区建设(史龙鳞、陈佳俊，2021；王懿，2022)，社区化育人更加重视育人主体的多元化、育人中的合作关系以及学生主体性作用的发挥。

1. 增强学工服务意识，完善学生德育工作方法

社区化育人体系之所以需要专业社会工作的介入，这与高校德育工作在价值理念、目的与功能、服务模式与方法等方面的功能拓展与延伸是一致的。社会工作专门对学校领域中的需要和问题形成了一系列工作方法，通过个案工作促进学生对环境的适应，通过小组工作促进学生群体的成长，通过社区工作促进学生的参与和公共意识的培育。同时，社会工作所强调的"助人自助"理念更有利于提升学生的自主性，社会工作者注重挖掘和强化学生的发展潜力，激发学生实现自我完善和自我改变。

可以说，社会工作的专业方法和理念与高校社区化育人的工作要求是相一致的。特别是近年来，社会工作在社区工作和社区服务领域积累了丰富的经验，可以将知识迁移到高校学生社区的服务中来，充分挖掘学生社区的资源，将学校教育融入学生社区的整体环境之中。

东莞理工学院看到专业社会工作方法、理念能转化为高校思想政治教育实践，无疑将加强对后者"以人为本"原则和要求的贯彻落实，也有助于弥补服务意识与功能相对较弱等不足，为其增加"有效服务"的积极评价。

学校提出"双工联合"举措就是希望学工和社工可以知识互构、工作互融，特别是学生工作队伍能够以现代社工理念、方法，构建起师生平等、相互尊重的学生工作运作方式，改进德育方法，优化心理健康教育工作，增强思想政治教育的有效性。通过社会工作团队，学校加强了学生工作队伍的培养和能力提升，引导学生工作人员学习社会工作的理念和方法，取得了社会工作专业资格，充分发挥了学生工作队伍育人的引领作用。

> 最近几年，我们学校学工团队中共有4名辅导员考取了社会工作专业研究生，6名辅导员考取了助理社会工作师资格，此外，我们通过组织辅导员参加社工培训、听取专题讲座，让辅导员了解社工专业知识和工作方法，让社工参加学生职业生涯规划指导培训、心理知识培训等方式，促进双工的能力提升。（DG01）

同时学校将社区化育人实践看作学生锻炼学习的良机。2021年，学校将法社学院社会工作专业引入，接纳该专业学生45人进行专业实习，在驻校社工指导下学习包括小组工作设计与执行、社区工作方法、工作坊体验等在内的多个方面的内容。这不仅帮助社会工作专业学生更好地认识社会工作专业,还进一步提升了学生对专业学习的热情,为学校社会工作教育提供有力支撑。

驻校社工开设包括"生命教育""亲密关系""性别意识"等在内的15门课程,帮助学生完成自我探索与认知。一方面,社工通过课程拓展和学生的互动机制与路径,将专业的社工元素融入知行课程中,让学生多渠道了解社工服务,使社工理念进一步深入人心;另一方面,社工在课程内容中嵌入帮助学生解决个人、群体和社区等主体面临的问题,使其更快更好地构建好人际交往关系。在授课模式上,社工突破了问题导向模式,通过正向教育给学生输入正能量,建立了一种互为主体的教学模式,同时坚持以学生为本、以需求为本的工作导向。

2. 注重学生社区参与,搭建学生成长和发展平台

随着驻校社工团队获得更多的信任,其优势和活力得到体现。最显著的可以体现在学生社区建设中,社工除了可以在学生社区组织日常服务活动、文化活动外,还可以运用社区工作方法改善社区环境,吸引学生参与,培育社区骨干和积极分子,从而形成以学生党员、学生干部为核心的自我服务小组、党员志愿服务队以及学生自管小组,具体如下。

首先,通过优化社区环境,为学生提供娱乐空间、学习空间、公共空间,提升空间的社交娱乐功能,社工可以结合学生的兴趣和需求在社区空间开展各类"家门口"活动,增进学生之间的交流与互动,活跃社区氛围,形成社区归属感。

其次,社工有意识、分步骤地通过社区活动、宿舍走访挖掘学生骨干、积极分子和能人,基于社区工作专题培训制度,针对学生社区自我服务小组成员、党员志愿服务队骨干、自律分会主要干部、各社区楼长和宿舍长等分类开展社区论坛、社区理念专题培训,进一步增强社区学生自我服务、自我教育、自我管理的能力。

我们设置了社区内留言板、意见箱,开通了微信公众平台,收集学生的建议和意见,组织2000多名宿舍长参加社区建设专题讲座,提升宿舍长对社区建设的认知度,通过"以点带线、以线带面"的方式

增强学生参与社区建设的意识。（SG01）

最后，社工还可以配合学生指导中心、团委的学工人员引导学生会、艺术团和学生社团依托学生社区积极开展活动，助推社区特色文化形成，不断增强社区凝聚力。

除此以外，社工可以协同心理咨询中心开展社区学生心理健康状况走访调查，了解包括新生在内的所有学生的心理健康状况，建立学生的动态化心理健康档案，为后续的心理健康教育策略和方案提供科学实证依据；同时社工还可以采用个案辅导方式，走近存在一定心理问题且主动求助动机不足的学生，利用各种资源帮助学生及时脱离困境。

社会工作运用人本主义和优势视角，通过一系列专业方法，以学生为中心，增进互动交流、搭建成长平台、构建支持网络、关注弱势群体，更好地为大学生创造正向的成长环境和资源体系，在服务过程中落实德育，促进学生全面成长。

3. 积极建构社区资本，助力学生实现自我服务

社区化育人不仅是结果也是过程，除了完成特定的、具体的育人任务外，更加注重对学生的培养，包括学生自组织能力的发展和提高，学生参与意愿和能力的增强，社区正式和非正式制度规则的形成，社区不同行为体的互动方式和机制的磨合。

社会工作秉承"助人自助"的专业理念，坚持"增能"和"赋权"的专业目标，在外力推进社区建设的同时，积极推动社区学生与社区环境的互动，引导其实现自身价值在社区中的重新定位，增强争取更好的生活、学业的信心，进而促进其主体意识的觉醒。这一工作理念对于推动社区建设健康良性发展至关重要。

学生团体是实现社区学生自我管理、自我教育、自我服务的重要载体，是参与社区建设的主要力量。围绕社区导生团队的赋能支持是社工服务的重点工作之一，但是导生团队服务社区的能力会因为学生的流动而削弱。

双工共同参与选拔、培训社区分会学生干部，开展"我与社区共成长"社区领袖培训小组，全程参与指导、引导社区分会学生干部的工作。开学前协助学生处开展新生助理班主任培训、新生骨干培训，通过小组和素质拓展活动的方式，在较短时间内提升了新生服务学生干部团队的战斗力。（SG02）

在社区学生自治委员会的社区导生队伍招新之后，社工就会组织社区导生开展团队建设以及干事培训、完善干事考核制度，在保证干事综合素质发展的同时增进干事与干事之间、干事与干部之间的感情，营造和谐、友好、互助、团结的氛围，为社区导生参与社区建设创造了更好的条件。

在社工团队的支持和指导下，社区导生立足社区需求组织开展"莞和小课堂"社区特色项目，充分挖掘社区达人为同学提供兴趣特长培养、就业技能提升、人文素质养成等方面的微课程。小课堂的运作一方面鼓励同学们积极展示自我，勇于挑战，实现教学相长，共同成长；另一方面营造了学生社区浓厚的学习氛围，促进形成互帮互助的社区集体。与此同时，社区导生还积极推动营造和谐社区环境，开展"最初的我们"宿舍合照征集、宿舍探访、军训送清凉、烘焙教学、主题音乐会、"莞工的冬天"树叶画、冬至暖人心、"回顾过去，展望未来"时光信箱、女生节祝福等活动，让同学们在大学学习中得到放松，在快乐中学习和成长。

社工积极培育学生社区参与的组织化载体，增强学生力量参与学校治理的意识。结合学生党建工作，成立学生党员（入党积极分子）志愿服务队，切实通过社区服务检验党员先进性和考验入党积极分子成熟度，密切基层党组织与广大同学的联系；鼓励学生骨干、学生党员、学生干部积极参加社区自律会、学生社区自我服务小组选任，进一步强化学生骨干在社区文化建设和学生权益维护工作中的带头作用，动员广大同学积极参与社区事务和学校治理；培育各类学生自愿性组织，组织面向社区和社会开展志愿服务，加强学生服务社区机制建设。

社区化育人模式积极回应了全员、全方位、全过程的三全育人的要求，专业社会工作团队在其中发挥着赋能激活、促进参与和助人自助的作用，为高校治理现代化提供了新场所和新模式。

四 结语：迈向多元共治的高校学生德育工作

中国高校正处于从管理向治理、从政治教育向德育教育转型的过程中，任重道远。将德育工作的要求与学生个性化、主体性需求相结合是提升育人工作成效的关键。因此本文运用新制度主义对当前高校学生工作面临的现实挑战进行分析，并在此基础上提出了"社区化育人"的高校德育模型。社区化育人模型的创新之处在于将学生社区作为高校德育工作的核心阵地，运用社区工作的方法与理念整体性回应了横向层面学生工作部门之间协作不畅的问题和纵向层面下沉有限而无法从学生内在需要出发调动内生性发展动力，真正意义上落实全员、全方位、全过程的三全育人目标，促进学生的全面发展。

需要指出的是，从制度的危机化解来看，专业社会工作团队在社区化育人模式中起到了关键性作用，原因有以下几点。第一，在结构层面，社会工作团队作为相对独立的力量，可以有效地改善学生工作组织行政化困境。学生管理职能下沉到生活区后，社会工作团队既可以扮演支持者、合作者和部分授权执行者的角色弥补学生工作队伍在时间、精力上的不足，又可以作为中介桥梁促进学生工作人员之间的沟通。第二，在行动层面，社会工作团队可以在倡导者、教育者、增能者角色间转变，不同于学校心理咨询的微观个案式服务，社会工作更加注重"在系统环境中"的学生，将学生的发展放置在微观、中观、宏观三个层面进行考虑，这种方式更能够契合学生整体的价值观念与文化环境并且关照到个体的需求与心态，在积极的互动中构建起学生对于德育教育的认同以及校园参与的内生机制，这也正是学生全面发展所需要的。第三，社会工作的"嵌入性"使工作团队具备了在复杂性环境中开展工作的能力。作为外来力量进入学校，社会工作者需要处理与学校各个部门、组织之间的关系，在被指导、被考核的要求下，又要面对学生开展不同类型的服务，同时需要应对工作上的压力与挑战。这与他们长期主动嵌入行政性环境所形成的灵活性和适应性能力有关。当前在教育部的推动下，学生社区建设开始受到重视。截至2021年底，已经有将近150所高校加入"一站式"社区的试点单位，并将在2023

年做到全覆盖。① 虽然一部分高校已经认识到学生社区建设的重要性，也意识到社区共同体的价值内涵和功能意义，但是仍然较多从硬件建设（智能化设施、管理系统、活动场地更新等）着手，在路径依赖作用下停留在管理思路，并没有从育人理念、组织结构转型以及长效机制出发（王懿，2022）。因此高校德育工作需要正视体制机制面临的困境和人员的短板，将育人资源有效聚集到学生社区一线，发挥多元主体的作用，协同推进实现学生社区的治理转型。

什么是好的学生社区建设？对于这个问题的理解表面上是大学的制度环境建设，表现为重构学校内学生工作队伍之间以及其与学生之间的关系，实际上是价值取向与价值判断问题。学校制度的有效性取决于所处的文化环境（马廷奇，2007），这与新制度主义对于制度的理解是一致的。一方面，高校应该尊重和积极回应学生的多元价值，打造更具包容性、特色性的多元社区文化空间，使具有不同兴趣爱好的学生有彼此交流、深度沟通的机会和平台，通过丰富多彩的活动激发学生参加社区的热情，促进社区关系和公共意识培育。引导学生参与生活社区中的治理活动，通过议事协商、自治活动增强学生的社区主体意识。优化学生社区参与网络，坚持学生互助共享原则，构建情感内生机制，培育有温度的良好社区环境。另一方面，高校应该借鉴社区治理的理论与经验，引入包括专业社工团队在内的合适的多元主体，对学校德育工作的权力结构进行优化，理顺责任边界和协作共治关系。社工团队作为新兴的治理力量，应该充分运用自身的优势整合校内校外资源，探索青年学生成长的规律，协助培育学生自治组织，充分调动各级职能部门参与社区治理的积极性，激活党政领导、专业教师、辅导员、学生等多元主体参与社区化育人的动力和活力。随着高校社会工作专业教育的发展，全国已有300多所高校开设了社会工作专业，整合校内的专业资源和师生队伍，通过服务学习的方式引导社会工作专业师生开展服务（Begun et al., 2010），与实务课程、实习相结合，设立见习岗位、实践岗位，配合学校和社工团队，从学生的角度理解学生、服务学生和动员学生，理应成为不可或缺的力量。

---

① 《关于全国高校思想政治工作会议精神贯彻落实情况》，教育部网站，2021年12月7日，http://www.moe.gov.cn/fbh/live/2021/53878/sfcl/202112/t20211207_585342.html。

参考文献

彼得·豪尔、罗斯玛丽·泰勒、何俊智，2003，《政治科学与三个新制度主义》，《经济社会体制比较》第 5 期。

成洪波，2015a，《导入、互构、增能：社会工作与高校学生工作的一种互动逻辑》，《社会工作》第 3 期。

成洪波，2015b，《高校社会工作的本土化实践机制探析——以东莞理工学院为例》，《社会工作与管理》第 5 期。

董焕敏、李智军，2010，《高校学生社区管理的善治与大学生公共精神的培育》，《广西社会科学》第 8 期。

范迎波，2018，《个体化变局下大学生集体主义价值观培育的困境与出路》，《云南行政学院学报》第 4 期。

方劲，2011，《嵌入式发展：学校社会工作在高校的发展路径探索》，《华东理工大学学报》（社会科学版）第 4 期。

龚学锋，2012，《新时期我国高校学生工作柔性管理创新研究》，《东北师大学报》（哲学社会科学版）第 5 期。

郭毅、徐莹、陈欣，2007，《新制度主义：理论评述及其对组织研究的贡献》，《社会》第 1 期。

康娜、韩薇、黄荟宇，2020，《高校学生工作治理体系建设的路径探究》，《思想教育研究》第 12 期。

李振，2013，《制度学习与制度变迁：新制度主义进展》，载李路曲主编《比较政治学研究》第 4 辑，北京：中央编译出版社。

马川，2019，《"00 后"大学生心理健康水平的实证研究——基于近两万名 2018 级大一学生的数据分析》，《思想理论教育》第 3 期。

马廷奇，2007，《大学转型：以制度建设为中心》，北京：社会科学文献出版社。

沈炜，2012，《论学校社会工作嵌入我国高校学生工作的体系构建》，《华东理工大学学报》（社会科学版）第 6 期。

史龙鳞、陈佳俊，2021，《新时代高校学生社区协同育人的机制研究——基于浙江大学"一站式"学生社区综合管理模式的观察》，《思想教育研究》第 3 期。

孙芫，2021，《社会学制度主义视角下高校教学督导制度的要素、困境与建设路径》，《上海教育评估研究》第 6 期。

王海建, 2018,《"00后"大学生的群体特点与思想政治教育策略》,《思想理论教育》第 10 期。

王洛忠、陈江华, 2015,《当前高校学生工作面临的主要挑战与应对》,《思想理论教育》第 10 期。

王思斌, 2013,《走向承认:中国专业社会工作的发展方向》,《河北学刊》第 6 期。

王懿, 2022,《高校"一站式"学生社区建设的价值意蕴、现实问题与实践理路》,《思想理论教育》第 2 期。

王寓凡、杨朝清, 2019,《空间视域下高校学生社区情感共同体建设》,《中国青年研究》第 2 期。

吴健波、储丹华, 2014,《柔性管理理念下高校学生"学区化"管理模式研究》,《思想教育研究》第 9 期。

谢鸿全、周小波、高大海, 2014,《高校在推进协同创新中的角色与功能——基于西南科技大学的思考》,《高等教育研究》第 11 期。

张钦文, 2010,《中美高校学生工作的比较研究与启示》,《思想教育研究》第 3 期。

赵芳, 2004,《学校社会工作的理念和方法在高校学生工作中的运用》,《江苏高教》第 6 期。

周雪光, 2003,《组织社会学十讲》,北京:社会科学文献出版社。

Begun, A. L. et al. 2010. "Developing Effective Social Work University-community Research Collaborations." *Social Work* 55 (1): 54–62.

Cyert, Richard M. and James G. March. 1963. *A Behavioral Theory of the Firm*. Englewood Cliffs, N. J.: Prentice-Hall, Inc.

DiMaggio, Paul and Walter W. Powell. 1991. "The Iron Cage Revisited: Institutional Isomorphism and Collective Rationality." In Walter W. Powell and Paul DiMaggio (eds.), *The New Institutionalism in Organizational Analysis*, pp. 67–74. Chicago: University of Chicago Press.

Meyer, John W. and Brian Rowan. 1977. "Institutionalized Organizations: Formal Structure as Myth and Ceremony." *American Journal of Sociology* 83 (2): 340–363.

Uzzi, Brian. 1999. "Embeddedness in the Making of Financial Capital: How Social Relations and Networks Between Firms Seeking Financing." *American Sociological Review* 64 (8): 481–505.

【青少年社会工作研究】

我国青少年社会工作研究的概况、热点及趋势

——基于 CiteSpace 的可视化分析*

尹阿雳　费梅苹**

摘　要　本文运用 CiteSpace 软件对中国知网（CNKI）收录的 152 篇青少年社会工作核心研究成果进行可视化分析。研究发现：青少年社会工作研究大致经历了萌芽起步、初步增长及稳步发展三个阶段，研究力量主要分布在高校，核心作者群和研究热点基本形成，研究前沿经历阶段性变迁。在研究展望方面，青少年社会工作研究需要秉持积极青少年发展观，对研究重心和范式加以调整，并进一步做好以下几个方面的工作：一是加强对新时代青少年群体的基础性研究；二是加强对分层预防青少年社会工作服务体系建设的研究；三是加强对青少年社会工作不同展开场域有效联动的研究；四是加强对本土实践可能催生新理论的研究；五是加强不同研究者之间、学术界与实务界之间、不同学科之间的研究合作。

---

* 本文系国家社科基金项目"中国社会工作本土化理论与实践模式研究"（18BSH153）的阶段性成果。
** 尹阿雳，华东理工大学社会与公共管理学院博士研究生，主要研究方向为青少年社会工作、社会工作评估等；费梅苹（通讯作者），华东理工大学社会与公共管理学院教授、博士生导师，主要研究方向为司法社会工作、青少年社会工作等。

关键词 青少年社会工作 青少年犯罪预防 优势视角 青少年发展观

一 引言

青少年是祖国的未来，是中华民族的希望。促进青少年的健康成长长期以来都是党和国家的基础性、战略性工程。作为以青少年为工作和服务对象的专业活动，青少年社会工作因为其科学性、专业性和社会性特征，以及致力于最大限度地发掘青少年的潜能，促进青少年全面健康发展和更好地适应社会生活的重要功能，被视为国家青少年事务工作的重要抓手并寄予厚望（陆士桢、王玥，2005）。2003 年，为从源头上预防和减少青少年犯罪，上海通过政府购买服务的机制引入社会工作为全市范围内的社区青少年提供服务，正式揭开了我国探索青少年社会工作服务专业化、本土化、职业化的序幕。而后，青少年社会工作在先行先试地区取得的成功，使其在国家层面得到前所未有的重视。为了有效推动青少年社会工作的健康、持续发展，我国先后出台了《关于开展青少年事务社会工作者试点工作的意见》《关于加强青少年事务社会工作专业人才队伍建设的意见》《中长期青年发展规划（2016—2025 年）》《关于做好政府购买青少年社会工作服务的意见》《青少年社会工作服务指南》等专门性政策文件。在上述社会政策的大力支持下，青少年社会工作实践得以在全国范围内"遍地开花"，有关青少年社会工作的研究成果亦伴随这一发展进程不断涌现。

总体而言，虽然现有研究成果数量在不断增加，范围和深度在不断拓展，影响也在不断扩大，但是系统总结青少年社会工作领域研究成果的工作被相对忽略了。学术界关于文献综述类的高质量研究较少，既有的综述类文献往往局限在传统意义上的内容综述和定性分析，缺少能够较客观地反映不同时期青少年社会工作研究状况的长时段分析。针对上述研究局限，寻找一种有价值的科学研究工具，对我国青少年社会工作研究的文献现状、研究热点及前沿趋势进行多视角的文献计量分析，有利于推进青少年社工作研究的纵深发展，具有重要的学术价值。基于此，本文利用 CiteSpace 软件对中国知网（CNKI）期刊全文数据库中的 CSSCI 来源期刊（含扩展版）和北大核心期刊收录的 152 篇论文样本进行知识图谱的可视化分析，以期全面呈现我国青少年社会工作的研究成果和不足，进而为我国青少年社会工作理论与实践研究提供借鉴。

二 研究方法与数据来源

（一）研究方法

本文基于文献计量学方法，运用 CiteSpace 软件对青少年社会工作的核心研究成果进行知识图谱的可视化分析。CiteSpace 是应用 Java 语言开发的一款信息可视化软件，它可以对特定领域的文献进行计量分析，以探寻学科领域演化的关键路径及知识转折点，并通过一系列可视化图谱的绘制来形成对学科演化潜在动力机制的分析和学科发展前沿的探测（陈悦等，2014）。正是因为 CiteSpace 知识图谱"一图谱春秋，一览无余；一图胜万言，一目了然"的鲜明特征，使其自被引入国内学术界就迅速得到了大量关注，并被广泛运用到各个研究领域（陈悦等，2015）。本文使用的软件版本为 CiteSpace 5.7.R2，初始参数设定如下：时间分区的起止时间为 1992～2021 年，每两年一个时间分区，共划分了 15 个时间分区；选取的节点类型为作者、关键词。在此基础上，通过运行软件进行相应数据挖掘和数据可视化分析，以清晰地呈现我国青少年社会工作的研究概况、热点领域及发展趋势。

（二）数据来源

任何知识图谱绘制的科学都根源于数据基础，即如何精准全面地检索到所要研究主题的全部文献是关键问题。为了保证研究文献的样本质量，本文以中国知网（CNKI）期刊全文数据库中的 CSSCI 来源期刊（含扩展版）和北大核心期刊为数据来源，因为上述期刊刊发的文章一般质量较高，在学术界相对更具权威性，也更能代表学术界的主流观点。此外，为了更加全面、精准地检索出我国青少年社会工作的核心研究成果，涵盖"青少年社会工作研究"的基本范畴，本文选取"青少年社会工作"、"青少年"（未成年人/少年）并含"社会工作"为主题词进行检索，经过筛选和删除无关文献后，共收集到152篇有效研究文献，以备进一步分析和绘制科学知识图谱。

三 青少年社会工作研究总体概况分析

（一）年度发文趋势分析

根据发文量走势和分布（见图1），结合对文献的梳理和分析，基本可以以10年为单位将青少年社会工作研究大致划分为三个阶段。

第一，萌芽起步阶段（1992~2001年）：这一阶段共发表10篇较高质量的论文，且以介绍香港青少年社会工作的经验和做法为主，但是囿于当时内地社会工作界还未做好充分准备，加之传统社会管理模式仍能在青少年工作中发挥重要作用，这一起源于穗港地方层面的学术经验交流活动也的确没能激起太多涟漪。但值得肯定的一点是，这一时期围绕青少年工作借鉴香港等先发地区有益经验的做法，即使对今天青少年社会工作而言也不失为一种理性选择。

第二，初步增长阶段（2002~2011年）：该阶段共发表49篇较高质量的论文，较前一阶段实现了发文量的初步增长。在这一时期，随着我国青少年社会问题的进一步凸显以及传统社会管理模式的日益吃紧，青少年社会工作被正式提上议事日程，并在上海、深圳、北京等一些地区先行先试，国家层面也颁布了《关于开展青少年事务社会工作者试点工作的意见》等政策文件，这些都极大地激发了我国社会工作学术界对青少年社会工作议题的关注，且研究面向已经从纯粹介绍香港等先发地区经验转向主要对本土实践进行研讨。

第三，稳步发展阶段（2012~2021年）：在前一阶段学术积累的基础上，这一阶段共发表较高质量的论文93篇，总体占比在61%左右。在这一时期，国家层面进一步推动青少年社会工作的发展，诸如《关于加强青少年事务社会工作专业人才队伍建设的意见》《关于做好政府购买青少年社会工作服务的意见》等利好政策文件相继出台，社会工作学术共同体也日渐壮大和成熟，这些都是促成这一阶段发文量继续稳步增加的重要因素。此外，值得注意的是，自2018年开始青少年社会工作高质量论文的发表量有所回落，这可能预示着需要发展新的研究热点以及提升青少年社会工作的研究质量。

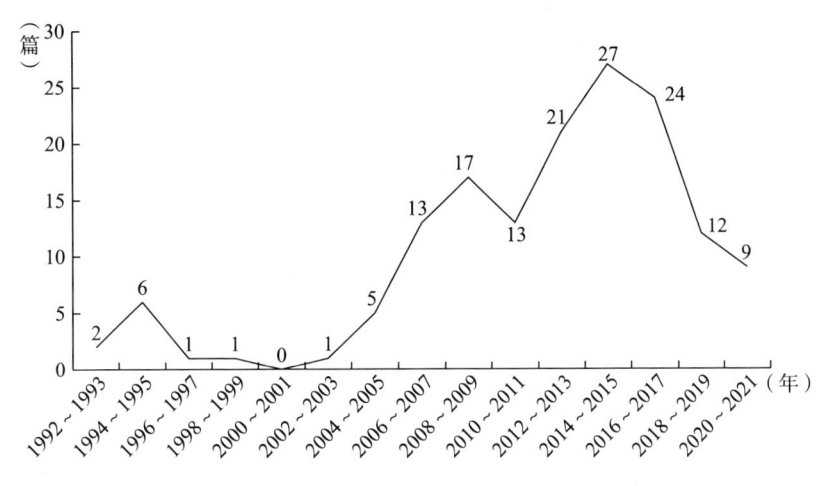

图 1　我国青少年社会工作研究文献时间分布

（二）文献来源期刊分析

本研究152篇文献共来源于56种期刊。其中，发文量在3篇及以上的期刊共有10种，合计发文99篇，占总发文量的65%左右，这表明青少年社会工作研究的文献来源期刊比较集中。其中，《中国青年研究》发文量最多，共发文28篇。《中国青年社会科学》《当代青年研究》次之，各发文12篇。《华东理工大学学报》（社会科学版）、《青少年犯罪问题》紧随其后，均发文11篇。《青年探索》发文10篇，《青年研究》发文5篇，《学术交流》发文4篇，《人民论坛》和《西北农林科技大学学报》（社会科学版）各发文3篇。通过以上分析可以发现，上述10种期刊处于青少年社会工作研究的核心圈，是我国相关学者重点关注的期刊，通过这些期刊可以准确快速地了解青少年社会工作领域的研究成果和前沿动态。

60　都市社会工作研究　第 13 辑

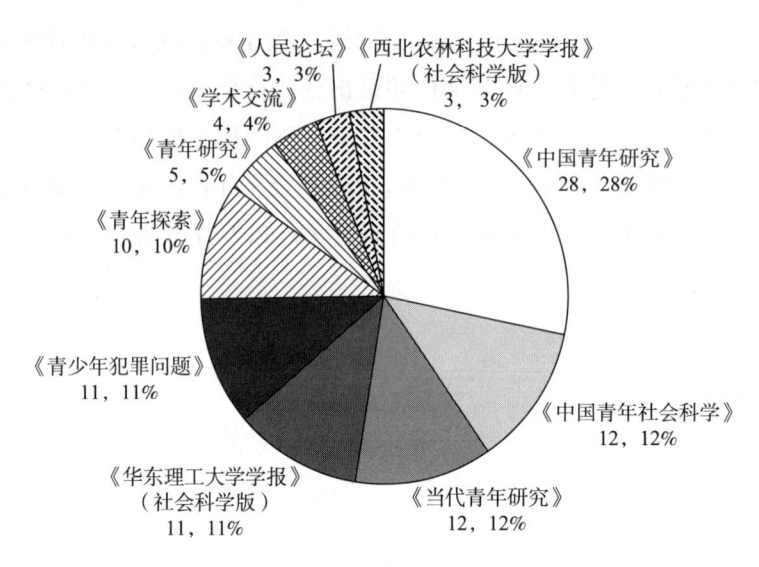

图 2　刊发文章数量排名前 10 的期刊

（三）核心作者和研究机构分析

参照普莱斯定律，经计算以发文量在 2 篇及以上标准统计，可以发现 18 位核心作者（见表 1）。其中，发文量最多的作者是首都师范大学的席小华，共发文 6 篇，研究主题均集中在青少年司法社会工作这一专门领域。其他核心作者中，费梅苹、刘斌志、沈黎、王玉香各发文 4 篇，陆士桢、漆光鸿、田国秀、宋志军各发文 3 篇，剩余 9 位作者如范明林、彭善民、权福军等均发文 2 篇。虽然发文量有所不同，但是上述作者从不同角度推动着青少年社会工作研究的发展，构成了青少年社会工作研究的核心作者群。此外，运用 CiteSpace 进行作者合作分析，绘制出作者合作网络图谱，根据图谱发现网络密度较低，整体较为分散，这表明上述作者具有较强的研究独立性，但彼此之间的合作较少，未来需要通过加强合作来推动青少年社会工作研究的拓展和深化。

表 1　发表文章数量在 2 篇及以上的核心作者

单位：篇

作者	单位	数量	作者	单位	数量
席小华	首都师范大学	6	范明林	上海大学	2
费梅苹	华东理工大学	4	彭善民	上海大学	2

续表

作者	单位	数量	作者	单位	数量
刘斌志	重庆师范大学	4	权福军	山东青年政治学院	2
沈黎	上海师范大学	4	李晓凤	武汉大学	2
王玉香	山东青年政治学院	4	汪永涛	中国青少年研究中心	2
陆士桢	中国青年政治学院	3	熊贵彬	中国政法大学	2
漆光鸿	中国青年政治学院	3	许莉娅	中国青年政治学院	2
田国秀	首都师范大学	3	杨旭	华东政法大学	2
宋志军	西北政法大学	3	戴洁	华中科技大学	2

在研究机构方面，按照发文量进行排序（见图3），排名前10的研究机构中排在前3名的分别是华东理工大学、中国青年政治学院、首都师范大学，这3所大学形成了青少年社会工作研究的第一梯队，是青少年社会工作研究领域较为权威的研究机构，在一定程度上引领着青少年社会工作理论和实践研究的发展。其余7家研究机构，即山东青年政治学院、华东政法大学、上海师范大学、复旦大学、华东师范大学、上海大学、重庆师范大学，可划为第二梯队，也同样在青少年社会工作研究中发挥着重要作用，并共同推动青少年社会工作领域的发展。此外，从研究机构的性质来看，一个可能的局限是开展青少年社会工作研究的机构主要集中在高校，缺乏社会工作实务机构的深度参与，产学研一体化水平不足。

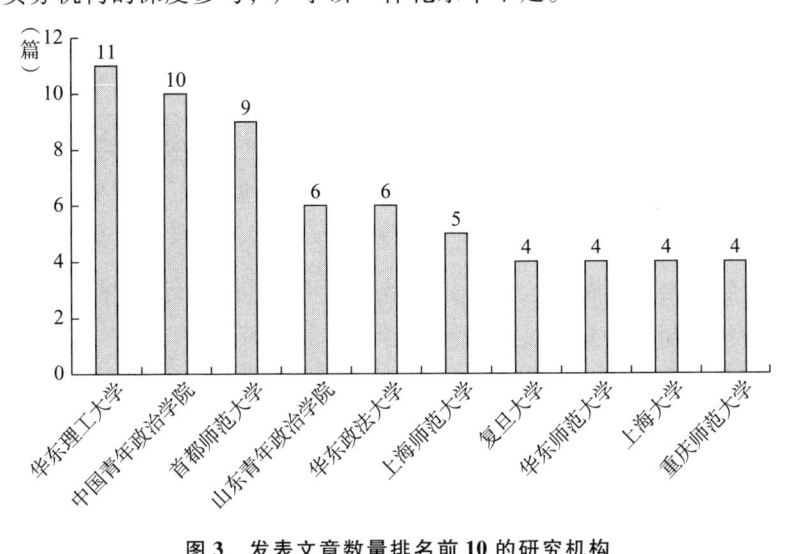

图3 发表文章数量排名前10的研究机构

四 青少年社会工作研究热点辨识

通过关键词的共现图谱，结合关键词中心性分析可以了解某一领域的研究热点。本文使用 CiteSpace 软件绘制出我国青少年社会工作研究关键词共现图谱（见图 4）。图谱中共有 386 个节点，702 条连线，网络密度为 0.0094。如图 4 所示，关键词节点的面积越大，说明该关键词在文献中出现频次越多；关键词之间连线越粗，表明关键词之间联系越紧密。此外，CiteSpace 软件还可以计算文献中关键词的中心性（见表 2）。中心性反映的是关键词在整个关键词共现网络中的重要性，衡量了一个关键词在整个共现网络中作为"媒介"的能力，中心性超过 0.1 表明关键词具有高中心性。表 2 详细展现了中心性排名前 25 的关键词的情况。为了更清晰地呈现青少年社会工作研究的热点主题，结合文献内容分析，可以将图 4 和表 2 中的关键词进行主题分类。具体分类如下。

第一，青少年社会工作的重点对象。如一般意义上的"青少年"，随着经济快速发展和社会急速转型而产生的"闲散青少年""边缘青少年"，因社会流动加剧形成的"流动青少年""农村留守青少年"，司法场域重点关注的"偏差青少年""社区服刑青少年"，还有因互联网技术发展和普及而产生的"网络成瘾青少年""暗网世界青少年"，也成为一些学者关注的对象。但需要指出的是，其他一些同样重要的青少年群体如"未成年被害人""服刑人员子女"则没有得到足够关注。此外，随着经济社会的进一步发展，与传统意义上"闲散青少年"不同的是，新时代下的"躺平青少年""佛系青少年""尼特族青少年"已然具有新的内涵和特点，应对其加以重点关注，特别是对其特征、成因、形成过程与机制、社会影响等进行深入研究具有重要的理论和实践价值。

第二，青少年社会工作的关注问题。基本可以划分为两类：一类是青少年犯罪预防问题，关键词"青少年犯罪""社区矫正""司法社会工作"节点面积较大，且具有很高的中心性，说明青少年犯罪预防是最受关注的问题，这也是我国开展青少年社会工作的最直接动因；另一类是青少年健康成长问题，表 2 中关键词"青少年思想政治教育""主体性""青少年社会化""生命教育""心理健康"都可以体现这一点，这也是我国青少年社会工作的基本功能。以青少年犯罪预防问题为例，现有研究大致可以划分为两个阶段。第一阶段旨在从理论层面论证社会工作介入犯罪预防领域的必要性和契合性，认为社会工作具有理念与方法的专业优势，是新形势下犯罪预防必然的选择（许书萍，2012）。第二阶段是在社会工作介入犯罪预防实践不断推进基础上进行的经验研究，旨在推动实践的完善与发展，如许莉娅（2011）开展的社会工作介入偏差行为青少年犯罪预防的案例研究、席小华（2016）对少年司法社会工作实践困境及行动策略的实践研究。此外，随着实践的进一步推进，有学者开始思考我国青少年司法社会工作服务体系建设的问题（席小华，2021）。但总体而言，上述大多数研究还处于相对碎片化的状态，包括超前预防、临界预防和再犯预防的分层预防青少年社会工作服务体系仍需进一步厘清。

第三，青少年社会工作的展开场域。青少年社会工作不是凭空展开的，而是需要依托具体场域得以展开。从图 4 和表 2 中不难发现，关键词"司法社会工作""社区矫正""学校社会工作""社区服务""家庭教育""家庭为本"在共现图谱中占据重要位置，这说明司法、学校、社区、家庭是青少年社会工作得以展开的重要场域。其中，青少年司法社会工作最受关注，这与我国青少年社会工作的实践探索一开始就被赋予预防犯罪的功能有关。学校、社区、家庭因为是青少年的重要社会化场所，长期以来都是青少年社会工作实践与研究的重要面向，并取得不少研究成果，如一些学者通过研究发现，学校社会工作可以在网络越轨行为预防和控制（秦克寅、张建华，2008）、校园暴力防范与干预（陆士桢、刘宇飞，2017）等方面发挥重要作用，社区为本的青少年社会支持网络是越轨青少年社会干预的基本倚重点和工作策略（郭伟和，2004），家庭为本的青少年社会工作戒毒服务模式具有良好的效果（沈黎，2009）。但总体而言，现有研究对于不同场域之间的关系与合作仍缺少足够关注，如何打通司法 - 学校 - 社区 - 家庭之间的壁垒既是摆在面前的重要理论问题，也是亟须解决的现实问题。

第四，青少年社会工作的理论运用。在理论运用方面，从图4和表2中可以看出，关键词"优势视角""抗逆力""社会支持""生态系统理论"在共现图谱中占据一定地位，这说明上述理论是青少年社会工作中影响力比较大的理论视角，其中优势视角及其理论内核抗逆力在青少年社会工作中应用最为广泛，如王玥（2014）在优势视角下对社区闲散青少年参与社会服务的成效研究，邓玮（2014）对一个留守青少年抗逆力提升社会服务项目进行的循证研究，高万红（2015）基于抗逆力理论预防流动青少年犯罪的行动研究。总体而言，虽然现有研究在理论方面取得一定成果，但主要局限于自身学科几种比较通用的社会工作实践理论，对于社会学、心理学、犯罪学等其他学科的理论借鉴较少，也鲜有对本土实践智慧的理论提炼，这导致现有研究在一定程度上缺乏新意，不利于知识的积累和增长，距离构建中国特色青少年社会工作理论体系的目标还有很长的路要走。

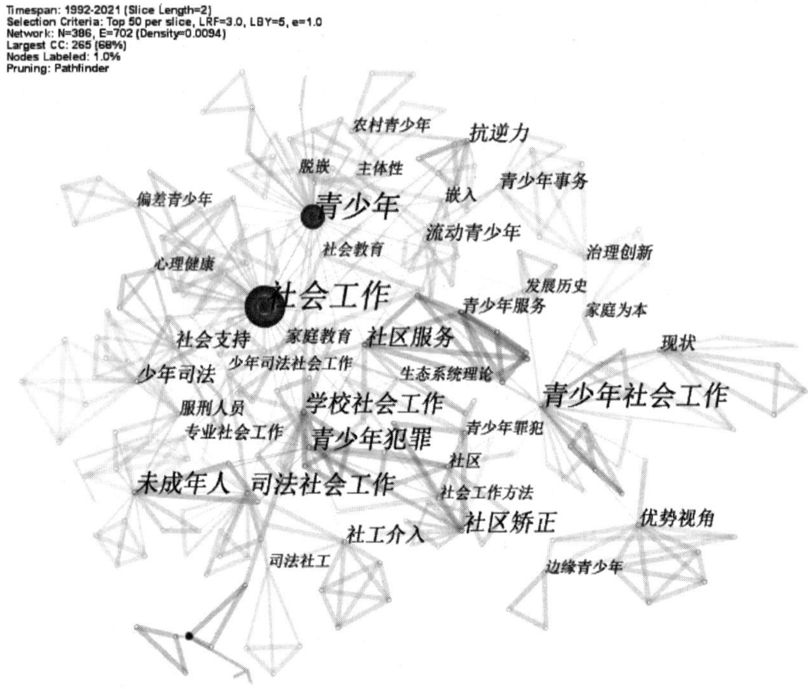

图4 我国青少年社会工作研究关键词共现图谱

表2 中心性排名前25的关键词统计

序号	关键词	中心性	序号	关键词	中心性
1	社会工作	0.41	14	主体性	0.03
2	青少年	0.33	15	家庭教育	0.03
3	青少年社会工作	0.27	16	农村青少年	0.02
4	青少年犯罪	0.17	17	家庭为本	0.02
5	社区矫正	0.15	18	偏差青少年	0.02
6	学校社会工作	0.12	19	社会支持	0.01
7	司法社会工作	0.11	20	青少年司法社会工作	0.01
8	社区服务	0.11	21	生态系统理论	0.01
9	流动青少年	0.06	22	边缘青少年	0.01
10	优势视角	0.06	23	青少年社会化	0.01
11	青少年思想政治教育	0.06	24	生命教育	0.01
12	抗逆力	0.05	25	心理健康	0.01
13	外展社会工作	0.04			

五 青少年社会工作研究前沿分析

研究前沿是某领域文献的暂时性成分，对其进行识别与追踪能够为研究者提供该领域研究的突然变化和演化动态。本文利用CiteSpace软件，得到青少年社会工作研究相关文献的13个突现关键词（见图5），这能在一定程度上反映该领域研究前沿的发展和变化。首先，在萌芽起步阶段（1992～2001年），突现词是"外展社会工作""学校社工""青少年罪犯""青少年犯罪"，结合文献内容分析发现，这一阶段的研究前沿可以概括为"香港青少年社会工作的经验介绍"，研究集中在介绍香港青少年社会工作的功能、场域和方法等内容。其次，在初步增长阶段（2002～2011年），"青少年社区矫正社会工作"成为新的研究前沿，突现词是"社区矫正""社会工作"，这与我国2003年开始社区矫正的政策实践基本同步。一方面，有学者从社会工作理念与方法对矫正青少年犯罪重要意义的角度，论证社会工作介入青少年犯罪社区矫正的必要性（邓蓉，2007）；另一方面，有学者对青少年社区矫正对象进行专门性研究，思考社会工作的介入策略，并尝试建构青少年社区矫正社会工作服务的框架和体系（费梅苹，2009）。最后，在稳步发展阶段（2012～2021年），"青少年的抗逆力和主体性""青少年司法社会工作"是这一阶段的两个重要研究前沿，突现词是"青少年""司法社会工作""抗逆力""主体性""少年司法""未成年人""少年司法社会工作"等。以研究前沿"青少年的抗逆力和主体性"为例进行说明，这一阶段学术界开始将研究重心转移到青少年自身的优势和潜能上来，相信青少年自身是实现自我改变的重要资源，强调抗逆力培育是青少年社会工作服务的实践选择，发挥青少年的主体性和能动性是预防犯罪的重点。

Keywords	Year	Strength	Begin	End	1992~2021
外展社会工作	1992	4.13	1992	1997	
学校社工	1992	2.03	1992	2005	
青少年罪犯	1992	1.52	1992	2005	
青少年犯罪	1992	2.98	1994	2007	
社区矫正	1992	1.5	2004	2011	
社会工作	1992	2.48	2010	2013	
青少年	1992	3.14	2012	2015	
司法社会工作	1992	1.38	2012	2017	
抗逆力	1992	1.41	2014	2015	
主体性	1992	1.64	2016	2019	
少年司法	1992	1.44	2016	2021	
未成年人	1992	1.42	2016	2017	
少年司法社会工作	1992	1.63	2018	2021	

图5 我国青少年社会工作研究关键词突现图谱

六 结论与展望

（一）基本结论

本文基于文献计量学方法，运用CiteSpace软件绘制科学知识图谱对我国青少年社会工作核心研究成果进行可视化分析。从文献时间分布、文献来源期刊、核心作者、作者合作网络、研究机构、关键词共现、关键词中心性以及关键词突现的角度，总结归纳了我国青少年社会工作研究的文献概况、热点领域及发展趋势,得出如下结论:我国青少年社会工作研究可以大致划分为萌芽起步、初步增长及稳步发展三个阶段;研究成果主要发表在以《中国青年研究》《中国青年社会科学》《当代青年研究》等为代表的10种期刊上;研究力量主要分布在高等院校,社会工作实务界参与有限;核心作者群形成,但彼此之间的合作有待加强。此外,当前我国青少年社会工作研究热点已经形成,无论是青少年社会工作的重点对象和关注问题,还是青少年社会工作的展开场域和理论运用,都呈现不同的热点趋势,并取得一定的学术成果。在研究前沿方面,经历了从"香港青少年社会工作的经验介绍",到内地"青少年社区矫正社会工作"的探讨,再到"青少年的抗逆力和主体性""青少年司法社会工作"的变迁。

(二)研究展望

纵观我国青少年社会工作的发展历史,无论是20世纪90年代穗港地方层面围绕青少年工作的学术经验交流活动,还是21世纪之初上海开展社区青少年社会工作的实践探索,都被赋予了预防违法犯罪和维护社会稳定的功能标签,这在一定程度上导致过往我国青少年社会工作研究更多集中在对问题青少年犯罪预防方面的探讨,而对一般青少年正向成长方面的研究则相对处于弱势地位。随着中国特色社会主义进入新时代,我国社会主要矛盾已经转化为人民日益增长的美好生活需要和不平衡不充分的发展之间的矛盾,党和政府也为青少年发展创造了良好的条件,不仅青少年物质发展环境更为优越、精神成长空间更为富足,而且青少年也充分展现了建功新时代的青春担当。基于此,笔者认为我国青少年社会工作研究的重心也应该有所调整,从集中于对问题青少年犯罪预防的探讨转向对一般青少年正向成长的关注,在研究中秉持一种积极青少年发展观,强调关注青少年的成长优势及发展潜能,促进青少年正向成长而不仅仅是减少问题行为,进而实现研究范式的重大转变。在新的研究范式下,青少年社会工作研究需要在积极青少年发展观的指导下,重点关注青少年正向成长的中国经验,从诠释青少年正向成长的内涵与特征、机制及条件等方面出发,记录和反映新时代中国青少年积极正向成长的精神风貌,助力中国青少年努力成长为堪当民族复兴重任的时代新人。

此外，为进一步提升研究质量，推动青少年社会工作高质量发展，除了研究重心和研究范式的调整，现有研究存在的一些实际问题也同样不容忽视，未来还需要进一步做好以下五个方面的具体工作。第一，在青少年社会工作重点对象方面，基于新时代中国青少年的新变化、新特征，青少年社会工作要勇于因时而进、因势而新，加强对青少年群体的基础性研究，特别是对新型青少年群体的内涵与特征、形成过程与机制等进行深入挖掘意义重大。第二，在青少年社会工作关注问题方面，犯罪预防仍然是当下青少年社会工作的重要主题，鉴于现有研究的相对碎片化状态，未来需要加强该领域研究之间的对话和整合，进一步厘清包括超前预防、临界预防和再犯预防的分层预防青少年社会工作服务体系。第三，在青少年社会工作展开场域方面，需要加强对不同场域之间边界、关系与合作的关注，通过研究推动司法－学校－社区－家庭之间壁垒的打破，实现青少年社会工作在不同场域之间的有效联动。第四，在青少年社会工作理论研究方面，从不再满足于社会工作实践理论的运用，到加强对本土实践可能催生新理论的总结提炼，将研究重心放在知识生产和理论创新上，构建中国特色青少年社会工作理论体系。第五，在研究方法层面，以上四个方面目标的实现，在青少年社会工作研究中还需要加强以下合作：一是加强不同研究者之间的合作和对话，不断拓展青少年社会工作研究的深度和有机联系，实现知识的实质性增长和积累；二是加强学术界与实务界的深度合作，通过社会工作的实践研究、行动研究、干预研究、循证研究等，不断提高研究对青少年社会工作实践的契合性、指导性，呼应实践发展的现实需要；三是加强不同学科之间的合作，通过多学科交叉融合从其他相关学科如社会学、心理学、教育学、管理学等吸纳合理元素，挖掘新的研究增长点，有利于实现青少年社会工作研究的突破与创新。

参考文献

陈悦、陈超美、胡志刚等，2014，《引文空间分析原理与应用：CiteSpace 实用指南》，北京：科学出版社。

陈悦、陈超美、刘则渊等，2015，《CiteSpace 知识图谱的方法论功能》，《科学学研究》

第 2 期。

邓蓉，2007，《社会工作对青少年犯罪社区矫正的介入》，《云南社会科学》第 6 期。

邓玮，2014，《社区为本：农村留守青少年犯罪风险的社工干预策略——以抗逆力提升为介入焦点》，《西北农林科技大学学报》（社会科学版）第 5 期。

费梅苹，2009，《社会互动理论视角下青少年社区矫正社会工作服务研究》，《青少年犯罪问题》第 3 期。

高万红，2015，《预防流动青少年犯罪的社会工作行动研究——以昆明 F 社区为例》，《浙江工商大学学报》第 4 期。

郭伟和，2004，《越轨青少年社会干预的基本倚重和工作策略》，《中国青年研究》第 11 期。

陆士桢、刘宇飞，2017，《我国未成年人校园暴力问题的现状及对策研究》，《中国青年研究》第 3 期。

陆士桢、王玥，2005，《青少年社会工作》，北京：社会科学文献出版社。

秦克寅、张建华，2008，《社会工作视野下青少年网络越轨行为的预控与矫治研究》，《湖北社会科学》第 6 期。

沈黎，2009，《支持与应对：家庭为本的青少年戒毒社会工作模式研究》，《中国青年研究》第 3 期。

王玥，2014，《优势视角下边缘青少年参与社会服务的成效研究》，《青年探索》第 1 期。

席小华，2016，《我国少年司法社会工作的实践困境及行动策略——以 B 市实践为例》，《华东理工大学学报》（社会科学版）第 6 期。

席小华，2021，《"两法"修改背景下未成年人司法社会工作服务体系建设研究》，《华东理工大学学报》（社会科学版）第 5 期。

许莉娅，2011，《偏差行为青少年犯罪预防的社会工作介入——以北京市流浪儿童与社区青少年犯罪预防为例》，《中国青年政治学院学报》第 3 期。

许书萍，2012，《论社会工作介入犯罪预防领域的必然性》，《学术交流》第 11 期。

【残疾人社会工作研究】

困境与调适：基于上海市 J 区社区精神障碍者家庭抗逆力研究[*]

杨明远[**]

摘　要　本研究从精神障碍者家庭入手，叙述精神障碍者家庭的疾痛故事，并以 Walsh 的家庭抗逆力理论为参考，解读其在面对逆境与挑战时所做调适与改变，挖掘社区精神障碍者家庭抗逆力主要体现在家庭的信念系统、组织模式及沟通过程三个方面，并在本土情境中呈现以下特点：关键的家庭内部人物、灵活的家庭结构与分工及紧密的家庭内部系统。由此，笔者从社会工作者的角度反思以家庭为中心社会工作服务的困境与不足，倡导关注精神障碍者家庭的积极叙事，以丰富社会看待精神疾病家庭的视野，为推动精神健康服务提供新的思路。

关键词　精神障碍者　家庭抗逆力　社会工作

一　研究背景

目前，在我国疾病总负担中，精神疾病位居首位。再加上精神疾病本

---

[*]　本文受徐汇区公共卫生科研培育专项资助。
[**]　杨明远，上海市徐汇区精神卫生中心社会工作者，主要研究方向为精神健康社会工作。

身是一种慢性且极易复发的疾病，精神疾病患者的治疗与康复已作为社会问题引起了国家的高度重视。尽管随着我国福利制度及社会服务的不断发展，已有较为多元的康复体系为精神障碍者及其家属提供服务与帮助，精神障碍者及其家庭仍然要面对沉重的生活负担与心理压力。

无论从监护人法律层面还是精神障碍者日常生活层面，家庭始终是讨论精神障碍问题时绕不开的重要角色。综观目前有关精神障碍者家庭的研究，以问题导向的研究居多，主要集中于精神障碍者的家庭照顾负担、污名影响、就业形势及福利政策不足等，较少从正面及积极的意义上解读精神障碍者家庭在面对困境时所产生的力量。精神障碍者家庭处于多元化及持续变化的处境当中，患者及其家庭通过"患病前"及"患病后"的自我反思与家庭互动，也可以呈现精神障碍者家庭更为丰富而饱满的完整形态。基于此，本文通过 Walsh 的家庭抗逆力理论框架，探究精神障碍者家庭抗逆力形成的关键要素，试图基于相关家庭的调查，归纳出本土情境下精神障碍者家庭抗逆力的特点，以期发展帮助精神障碍者家庭走出困境的方式方法，丰富社会看待精神障碍者家庭的视野，为推动精神健康服务提供新的思路。

二 文献回顾

早期抗逆力的研究主要关注个体层面，家庭仅作为个人抗逆力形成的背景性环境因素，而未作为整体的要素。20 世纪 80 年代，麦卡宾夫妇及其他学者指出：家庭的组织体系十分复杂，仅将家庭作为个人抗逆力的因子是不够的，对抗逆力的研究应突破个人抗逆力局限，把家庭视为一个整体单位，研究抗逆力家庭的特性（McCubbin & Patterson，1983）。由此，从家庭的压力、家庭的脆弱性、家庭的适应性出发，逐渐形成了家庭抗逆力理论。

沃尔什（Walsh）教授为将研究焦点从个人抗逆力转向家庭抗逆力做出了很大贡献。麦卡宾夫妇认为，家庭抗逆力就是个人和家庭单位在压力或不利情境下表现出的积极行为模型和功能性的能力，是确保家庭成员幸福的复原能力（Anderson et al.，2013）。Walsh 教授认为，家庭抗逆力是指以家庭为单位，在经历创伤或负面事件时发挥应对与适应功能的过程（Walsh，2008）。由此，在家庭抗逆力概念发展的基础之上，学者发展出了两种理论模式，即麦卡宾夫妇及其他学者的家庭适应与调适的抗逆力模型和 Walsh 的家庭抗逆力的系统论模型。家庭适应与调适的抗逆力模型揭示了在压力下家庭的行为及贯穿家庭生命进程的家庭力量、资源和应对机制在其中扮演的核心角色。Walsh 的家庭抗逆力的系统论模型则设定了辨识家庭抗逆力形成过程的概念框架，从而帮助家庭减轻高危情形下的压力和降低脆弱性，从危机中痊愈和成长，增强家庭的力量来脱离长期的困境（Walsh，1998）。这一概念框架包括：家庭信念系统，它是所有家庭功能的核心，是培养抗逆力的强大力量，包含了解逆境的意义、正面展望和超越性与灵性三个要素；家庭组织模式，它是危机冲击的缓冲器，是基于每个特定的家庭及其成员对彼此的期待，并且会因为习惯、相互配合或某些功能等因素而得以延续，包含弹性、联结、社会与经济资源三个要素；家庭沟通过程，它会促进相互支持及问题的解决，包含传递信仰、交换信息、表达情感和解决问题的过程，清晰、坦诚的情感分享，以及合作解决问题三个要素（Walsh，2013）。

近年来，对 Walsh 的家庭抗逆力的系统论模型的研究逐渐向跨学科、跨领域等更广泛的实务空间发展，冯跃（2022）在随迁子女城市化生存与发展的研究体系中，解析家庭抗逆力模型的整合性建构，从而更好地了解家庭抗逆力实现的动力与过程演化机制；康琪琪（2022）借助家庭抗逆力理论探究寒门大学生家庭抗逆力的建构情况和实现学业逆袭的动态机制；黄翠萍、谭卫华（2021）通过对 20 名孤独症患儿家长的深度访谈，探讨孤独症患儿家庭抗逆力的生成过程，有助于为社会工作服务的开展提供理论参考；华红琴、曹炎（2019）探索了家庭抗逆力视角下自闭症儿童家庭社会工作服务方案。另外还有多篇从护理的角度针对慢性疾病等家庭抗逆力现状及影响的研究。

通过对家庭抗逆力的理论概念、研究模型与实务应用的文献梳理，可以看出家庭抗逆力构建了以家庭为核心理解逆境应对的关键要素，为今后开展家庭层面的研究提供了良好的视角。在精神障碍者家庭抗逆力的研究方面，邱思宇（2020）针对 Walsh 的家庭抗逆力的系统论模型提出完善以家庭为本的与实务介入同步的政策、采取家庭内部调整与外部环境改造联动的策略、建立事前预防与事后救助相辅的机制是走出现行精神疾病社会工作实务困境的有效途径；张明月（2021）从家庭抗逆力视角出发，从家庭内部及外部探讨如何增强精神障碍患者家庭的抗逆力以应对各种挑战。在前人的研究与实践基础上，本研究认为家庭抗逆力并非简单地表现为家庭的积极应对与主动出击，家庭抗逆力的过程性视角，使我们对逆境意义的识别可以以更加丰富的形式展现出来，因此对疾痛故事的重构就显得尤为重要。本研究将挖掘精神障碍者家庭抗逆力的关键要素，并总结出本土情境下精神障碍者家庭抗逆力的特点，同时倡导一种精神障碍者家庭的积极叙事视角，强调被"问题视角"所忽视的叙事内容在家庭抗逆力形成过程中的重要价值。

三　研究方法与过程

本研究以上海市 J 区阳光心园的精神障碍康复者家庭为研究对象，采取家庭调查与质性研究相结合的方法，以前期问卷调查作为筛选质性访谈研究对象的工具，通过半结构式访谈和参与式观察的方法，收集研究资料从而展开分析。具体的研究框架可见图 1。

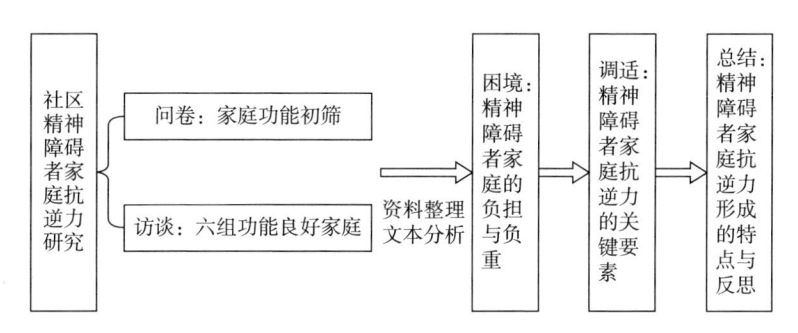

图 1　研究框架

本文旨在研究精神障碍者家庭抗逆力生成的关键要素，因此基本研究对象设定为具备家庭抗逆力的精神障碍者及其家属。基于此，笔者结合 Walsh 提出的家庭抗逆力形成的关键过程要素，选取了由美国学者 Epstein 等人编制的《家庭功能评定量表》（Family Assessment Device，FAD）作为评定研究对象是否具备家庭抗逆力的工具。选取研究对象过程如下。J区3家阳光心园的在册学员共55名，首先根据社区医生随访记录中年龄、是否有照顾者、重复入院率、末次出院时间及监护状况评估等指标，筛选出28名学员。这些学员是由家属照顾，患病历程5年以上，且3年以上没有进行入院治疗的精神障碍康复者，满足家庭生活及病情的稳定性要求。之后，向筛选出的学员发放《家庭功能评定量表》，受学员受教育水平及精神状况的限制，多份问卷由笔者协助完成，该量表用于了解精神障碍者对其家庭功能的理解及评价。问卷收集完成后，经统计共获得28份有效问卷，其中得分较低的6组家庭进入家庭访谈环节。表1为访谈对象家庭基本信息。

表1 访谈对象家庭基本信息

家庭编号	基本信息
S1	患者今年33岁，女，病程14年，共入院1次，2010年进入阳光心园。目前和母亲、配偶及女儿一起居住，父母退休之前会去爷爷奶奶家，父亲两年前去世，母亲身体健康，因为听说结婚对病情有好处，便为患者寻找一个外地小伙结婚，女儿随患者的姓氏。患者配偶是一名维修工，患者主要由母亲照顾。女儿现在7岁，一家人一起照顾女儿
S2	患者今年35岁，男，未婚，病程17年，共入院2次，2010年进入阳光心园。目前和父母一起居住，父母已退休在家，父亲身体不太好。10年前以父母的名义领养了一个女孩，现在上四年级，患者会和父母一起照顾
S3	患者今年31岁，男，未婚，病程15年，共入院2次，2014年进入阳光心园。目前和母亲一起居住，主要由母亲照顾。母亲与父亲离婚多年，父亲和奶奶在自己居家附近，平常联系较多
S4	患者今年31岁，男，病程14年，共入院2次，2010年进入阳光心园。目前和父母一起居住，妹妹刚大学毕业，在市区工作，放假会回家。家庭经济情况较差，父亲还在工作，母亲为了照顾患者提前退休。妹妹和患者关系很好，有空会回来照顾哥哥
S5	患者今年27岁，男，病程11年，共入院2次，2010年进入阳光心园。目前和父母一起居住，母亲已经退休，腰ँ不太好，父亲仍在工作。爷爷奶奶会经常帮助照顾患者，外婆年龄较高。家里亲戚在外地工作，侄子在邻市工作，会经常看望走动
S6	患者今年46岁，男，病程28年，共入院3次，2010年进入阳光心园。目前和父母一起居住，父母年龄较大，母亲患过脑梗。家里还有个弟弟在市区工作，弟弟工作较忙，平时回家较少，有需要会提供帮助

四 困境与调适：精神障碍者家庭抗逆力的关键要素

大部分精神障碍者的一生都会经历发病—治疗—复发—再治疗并依靠终生服药得以维持的一个过程。在病程的不同阶段，家庭都面临一系列压力与可能的负面体验。

（一）困境：精神障碍者家庭的负担与负重

首先是被确诊"精神疾病"的打击。家庭对疾痛的知觉是从医生确诊之时产生的，尤其对于一个对精神疾病毫无感知的家庭，当患者最初表现出一些异常行为时，并不会得到充分的关注与重视。当子女从开始的异常行为发展到不受控制之后，家属开始第一次体会到疾病带来的痛苦与无奈，由于对精神疾病不了解，会产生担心和忧虑的心理而积极地送医诊治。

其次是照顾病患的负担。当病患被确诊为精神疾病并且开始接受治疗时，家庭就要"离开正常的世界，进入疾病的世界"。在中国，由于家庭成员之间联系紧密，且在情感、日常生活中程度较深地相互支持与依赖，家庭在各方面的负担都要重于西方国家。家庭责任、工作责任、照顾责任都落在患者父母身上，多重角色极易造成家庭的崩溃与危机。同时，家属在照顾患者时承受着巨大的精神压力，面对似乎毫无起色的疾病，家属时常会出现无力感和无助感。比如，精神障碍者由于长期服药，会伴有一系列的生理反应，如懒散、呆滞、不自觉地颤抖等，更多的变化来自体态和外貌的变化，患者的家属亲眼见证着子女皮肤变黑、身体变胖、年纪轻轻的小伙子看起来总是呆呆的，就好像幼儿每次的成长变化都会为家庭带来欢乐，而患者每次变化的发生都会又一次提醒家属疾病在折磨着自己的亲人。同时又因为精神疾病的遗传性，家属可能会走进自责的反思中："莫不是什么家族遗传，但是我家里没有出过这个病的呀。"或者在不断地归因，"做子女的得这个病，都觉得是不是我们大人的不好"，"真的是天灾，我宁肯降到我头上啊"。然而反反复复的追问并不能为其找到答案，这种消极的认知也给家庭带来了沉重的负担。

负重则来自社会的认知负担，在中国社会中，精神疾病被当作"鬼魂附体"的言论依然存在,这种迷思使精神障碍者及其家人受到社会公众异样的眼光审视,造成其社会交往及社会活动的减少,并且承受着较重的污名影响。有研究表示,精神障碍者的家属由于长期照料病患,与他们有着较为亲密的接触,也会体验病耻感,公众也会将排斥与歧视投射到家属身上。社会公众的污名取向以及自我意识的消极倾向会使精神障碍者家庭产生一种隔离感,极易陷入疾病世界的泥沼。

总体来说,精神障碍者家庭在长期与疾病相处的过程中,会面临多重困境,包括经济、身体及认知上的种种负担,这些负担构成了精神障碍者家庭生命历程中的疾痛故事,也是精神障碍者家庭抗逆力的起点。

（二）调适：精神障碍者家庭抗逆力的关键要素

根据 Walsh 的家庭抗逆力理论模型,本文从精神障碍者家庭的信念系统、组织模式及沟通过程三个方面对精神障碍者家庭抗逆力形成的关键因素进行分析与归纳。

1. 精神障碍者家庭的信念系统

信念系统是所有家庭功能的核心,是培养抗逆力的强大力量。我们会为自己的经验创造意义,以应对危机与逆境;创造意义的方式是将经验联结到社会,联结到文化和宗教信仰,联结到跨越多个世代的过去,联结到我们未来的希望和梦想（Walsh,2013）。

（1）诚实地面对逆境

在中国的话语情境中,"精神病"一词为一个家庭带来的不仅是患者生理上的痛苦、家庭经济的负担,更是一种人格上的蔑视以及社会生活的断裂。由此,家庭成员无法从传统价值观中"挫折利于人成长""从逆境中学习"等信念来获得慰藉,反而诚实地面对疾病是他们共同的经验。最初家庭成员对患者的态度是不同的,能够尽快调整态度并达成一致共同应对挑战的家庭,往往能够少走弯路,尽早使患者恢复稳定并保持家庭稳定。

> S5:我们做父母的真的尽心了,还能怎么样呢?他奶奶经常哭,说自己命苦,我们能怎么办,做父母的能为他做什么都做了,得病谁也不愿意,事到你头上了,你就得面对是不是。

面对超乎个人控制的、持续的困境，障碍者家庭难以对其进行合理化归因并做出解释，但是他们的共同选择就是去面对当下的状况，在他们的信念系统中，纠结于"什么原因"还不如着手于"怎么活下去"。家属都经历了从"不能接受"到"想开了"的过程，尽管这种调整可能是因为经济压力，可能是学习他人经验，但无论如何家庭抗逆力就是在与疾病正面抗争的过程中展现出来的。

（2）正面展望

正面展望并不是只关注好的一面而不去承认现实的痛苦和未来的顾虑，而是在绝望中找寻希望的种子。一般情况下，当一个人被诊断为精神疾病患者时，他充当的原有社会角色就会部分或全部地为这一角色所取代。社会包括家庭对他的期望会不断降低，他承担的社会与家庭责任相应地也会减少。当家庭成员接纳了患者的病人角色时，他们会变得容易满足，从而获得日常生活中的慰藉。

S4：有时候我让他出门走动走动，有段时间，他捡各种东西回家里，他有个包，在外面看到什么，觉得能用的、能买的就往家里捡，都是破烂，回来了我说他，弄得脏死了，不让他捡，他是觉得能卖，能帮着我，我知道。（您心里是不是很感动？）是啊，这么说吧，我看着他好好的就行，还求什么呢，什么也不求了。

精神疾病给一个家庭带来的是漫长且没有终点的困境，精神障碍者的家庭对于未来的期望值因疾病的存在而一再降低。

（3）超然与灵性

抗逆力的悖论就在于最恶劣的时刻却可能引出我们最出色的表现。危机可以带给我们无法预料的转变与成长，也可以唤醒家庭成员，或是受到震撼而去治疗旧伤，并重新权衡生命中的轻重缓急，以寻找更有意义的人际关系与生命目标。有抗逆力的个人与家庭通常可以从危机的冲击中走出来，提升心灵与精神方面的层次，拥有更清晰的生活目标，并更能同情他人的困境。

> S3：哎，真的，我真的很感恩了，XB现在能陪着我，年纪大了，昨天下午在浴室摔了一跤，看我在床上躺着难受，他一直照顾我。十几年了，也习惯了，不发病的时候，一切都好。以前羡慕别人家，但是谁家有谁家的难处，我们现在挺过来了，挺好。

随着时间的推移，精神障碍者家庭从疾病的冲击中走出来，并且回归家庭生活本身，家庭成员包括患者自己都与疾病达成和解。

2. 精神障碍者家庭的组织模式

家庭组织模式由来自外部和内部的各种规范所维持，并受到文化与家庭信念系统的影响（Walsh，2013）。它使得家庭成员能够动员并组织他们的资源去缓冲压力，并且根据需要做出适应性的改变以有效面对长期的逆境。

（1）弹性

在家庭处于重大的破坏性危机时，一个强有力的领导是很重要的，这样才能在混乱和巨大压力下，维持或恢复秩序与方向。在笔者访谈的精神障碍者家庭中，有5组家庭，尽管母亲承担了大部分照顾职责，但仍然是父亲扮演着家庭主心骨的角色，家庭的重要决策都由父亲定夺。在WH母亲的描述中，我们看到父亲是家庭中最具话语权的角色，他对家庭的行为方式进行有效的控制，来确保家庭成员的行为不会带来危险与破坏。

> S4：以前医院条件不好，我带着他在合肥，陪了两个月，有一次中午吃饭，没看好，他就跑出去了，我真的吓得要死。跟他爸联系，他爸以为是我不想要孩子了，还骂我。我不委屈吗？我不心疼吗？我说什么也得找回来啊！还好遇到了好人，合肥的警察帮忙找回来了……（WH母亲表示当时其配偶担心自己做出弃养行为会犯罪坐牢）

另外几组家庭也表现出我国传统的父亲作为家庭权威的家庭模式。可见，中国传统家庭"男主外，女主内"的分工模式依然在精神障碍者家庭中得以体现，父亲作为家庭里的权威角色进行家庭事宜的决策、家庭成员的行为控制，而母亲则承担着主要的照顾职责。这种强有力的家庭权威是帮助精神障碍者家庭在混乱和压力下维持秩序与方向的重要保障。

此外，保持弹性是家庭抗逆力的核心过程，其中也包含了适应与改变。对于精神障碍者家庭来说，恢复患病前的生活是不可能的，在经历这样重大的转变后，家庭并不是像弹簧一样"恢复原状"，而是"往前弹出"，在破裂中维持着稳定，构建一种新的"常态"。

> S1：我晚上要带 WY 去跑步，她吃了药容易犯懒、发胖，我就带她去跑步，好几年了，有时候晚上带着孙女一起去，姑爷也跟着，人家看着我们一大家子去跑步，都羡慕我们。

通过访谈，笔者发现具有抗逆力的家庭能够形成一套较为稳定的日常生活作息，这种规律的生活作息既是精神障碍者获得康复的途径，又能够在规律中增进家庭成员的感情，提升家庭的抗逆力。

（2）家庭凝聚力

笔者访谈的 6 组家庭都是以亲子关系为主轴的核心家庭或主干家庭。在这样的家庭模式中，家庭成员以患者为中心形成向心力，他们能够在家庭中获得满足和情感联系，表现出较强的家庭抗逆力。

> S2：（是不是家庭团结一致，都是这种看法）那是啊，你家出了事，人家说是人家说，你不要管。要是哪天别人家有点什么，你也不要去说，将心比心，反正我们就闷头过自己的，人家也就不说了。

具有抗逆力的家庭不会将自己的家庭"病态化"，"是个照应"更表现出对患者家庭角色的肯定，使患者能够感到自己对于家庭的价值而展现自己的最佳状态。对患者的不放弃、不舍得的承诺使家庭能够承担这份照顾的艰辛，也终于为患者提供了安全、信任、能支持个人生存的家庭空间。

当疾病成为一个家庭的问题中心时，这个家庭如何与患者相处，是否因为疾患而产生疏离是评价家庭联结性的参考。功能良好的精神障碍者家庭允许家庭中的个体差异，尊重个人的需求，而不会因疾病产生情感与行为上的疏离。

S6：他就爱喝酒，别的倒没什么。他也喝得不多，我也知道他没事干，说没意思嘛，就喝点酒，我们也尊重他，让他喝。但总归还是担心的，经常说着他。

尊重差异对精神障碍者而言，最深刻的体现就是一视同仁，疾病改变了他们的生活，但并未改变他们的关系，父母、子女仍然各司其职。

（3）社会与经济资源

根据笔者收集的信息，精神障碍者家庭可利用的正式社会支持资源主要有两种形式：一是经济补助，如城镇居民最低生活保障、残疾人补贴、重残无业国家补助等；二是康复服务，如社区医生定期体检、免费服药、社区日间康复中心、就业支持项目等。

笔者访谈的 6 组家庭，都是能够放开心态挖掘并运用正式社会支持资源的家庭，其中有 4 组家庭属于贫困家庭，他们表示国家的经济补贴为家庭渡过难关提供了很大帮助。如 S4 家庭：

S4：WX 有残疾证，每月发 2000 块钱，他不花什么钱，我都给他存着。现在日子好过多了，以前住院都是我们自己掏钱……苦过来了，现在国家给发钱，我姑娘也不用管了，日子好多了。

除了经济补贴，6 组家庭都认为社区的康复服务项目对家庭生活的帮助巨大。

另外，精神障碍者家庭对非正式社会支持资源的运用呈现两种不同的态度：一种是主动地寻求亲戚、邻里、朋友的帮助与支持；另一种是尽量通过家庭内部消化克服困难，并通过自身努力获得外部支持。无论哪一种态度，在家庭叙述中都只占很小的一部分。

S5：WH 他什么都不懂，我带他去超市买东西，他都拿人家架子上最贵的，他不懂，他看着好看就想拿，真的像小孩子一样，你说他他也不理，就拿着去结账。我哪能给他买得起啊，人家超市的大姐人好，我偷偷跟人家说我家孩子智力有点问题，让她别给我们算，到结账的时候那个大姐就说这个不卖的,还帮着我劝 WH,真的挺感谢这个大姐的。

精神疾病所带来的病耻感与污名,是每个精神障碍者家庭都曾经历的,这或许是精神障碍者家庭对非正式社会支持资源运用较少的原因。但正是因为污名的存在,精神障碍者家庭才更加珍视在亲情、友情、邻里情中得到的慰藉与关怀,感受到雪中送炭的温情。

3. 精神障碍者家庭的沟通过程

当面临长期的压力和危机时,沟通往往是"压死骆驼的最后一根稻草",从笔者访谈的家庭来看,沟通在家庭抗逆力的生成中起到基础性的作用。

(1)沟通方式

我们不得不承认精神障碍者在多数情况下被默认为是难以沟通的、脆弱的。清晰的沟通在精神障碍者的语境里似乎需要被重新定义。笔者将家庭的沟通方式分为两部分:一部分是家庭成员与精神障碍者的沟通;另一部分是家庭成员间,主要是照顾者之间的沟通。

在与精神障碍者沟通这个领域,最有发言权的就是与患者朝夕相处的家人。笔者在访谈中发现,在与患者相处的过程中,想要保持其病情稳定,首先要信任患者,有些家属把患者当成"长不大的孩子",用童年时期的沟通方式与患者相处。

> S4:……就像个孩子一样,他妹妹回家也像带小孩一样对他,很多事要教,做完了你要鼓励,他也像小孩那种反应,高兴不高兴你一眼就能看出来。(那您会觉得累吗?像跟小孩沟通一样?)有时候吧。我疼他,他也跟我近,什么都跟我说,他不乱想了,我看对他病情也有好处。

在与疾病相处多年之后,每个家庭都会形成自己独特的与疾病共处的方式,回归童年的沟通方式或许只是方式之一,只要方式是建立在尊重与信任的基础之上。

笔者接触的精神障碍者家庭中,夫妻之间、婆媳之间的沟通深刻影响着家庭的氛围与功能发挥,对患者的病情也有一定影响。首要的就是夫妻关系,当患者的疾病成为家庭的主要矛盾时,家庭成员的沟通模式也会发生改变，沟通的主题围绕疾病展开，当夫妻双方看法一致对抗疾病时，夫妻关系得到巩固，矛盾也逐渐变少。

（2）情感分享

在含蓄的中国家庭中，情感分享是容易被忽视的，尤其是当苦难获得了一个家庭大部分关注时。根据笔者的访谈信息，在精神障碍者家庭中，正面的情感表达主要体现在患者对照顾者的感恩之情中，它会让照顾者肯定自己的付出，并看到回报，从而鼓励自己更加坚定地走下去。

> S2：其实刚开始的时候，他跟我说"妈妈，你白养了我20年，我不争气"，他一说我眼泪都流出来了，我说你不是不争气，你要是去偷去抢那是你不好、不争气，你现在是得病了，不能怪你的。

除了患者的情感表达，家庭中其他照顾者表达的正面情感也会鼓舞家庭，勇敢地和疾病抗争。

> S4：我老公说归说，他知道我看两个孩子不容易，下班回来什么都帮着我。我家姑娘也懂事，贴心，不像别人家，在家里累死累活还落个抱怨是不是。

当听说一个家庭里有精神疾病患者时，可怜、辛苦、艰难、疯狂等负面词语会占据你的脑海，对于身处其中的家庭来说，学会应对负面情感是十分必要的。具有抗逆力的家庭会承认困境的存在，将家庭里的负面情感自然地、快速地消化与分解，将注意力从痛苦的经验中转移了，得到喘息的机会。

> S1：一开始都不能接受，谁能想到呢，我们家从没有人得过这个病。我们俩就互相劝吧……（笑）
>
> S2：他爸爸骂啊，他爸爸看到他气死了，也不能跟谁说，他爸爸也知道跟他发脾气能有什么用，就我们俩说说，他爸爸慢慢就不发脾气了。

笔者访谈的6组家庭中，有一个共同特点就是不会怪罪他人，进行个人攻击或者找替罪羊。尽管至今仍然不明白病因，会觉得自己命运不好，但家庭中彼此之间不会互相埋怨与指责，夫妻间能够相互支持，倾诉命运的不公与负面情感。同时，当提到负面情感是否会让患者共同分担时，6组家庭都给出了否定的答案。

  S5：不说，你跟他能说什么，他也不懂，万一他往心里去了再想不开又发病了，他看我累了、不说话了知道乖乖的，就行了。
  S4：他有时候问"妈妈你怎么了"，就跟他说没事，要么跟他随便说点啥，你说我们家现在还是租的房子，是挺愁的，跟他说他也帮不上啊……

尽管作为家里的一分子，但家庭成员为患者营造了一个似乎没有忧虑的家庭世界，通过不在患者面前谈论负面情感来保护脆弱的家庭成员是具有抗逆力的家庭的一致做法。

（3）合作解决问题

当笔者聚焦精神障碍者家庭的日常生活情境时，发现有抗逆力的家庭在日常事务的处理中表现出良好的民主与合作意识，有学者提出，当家庭成员间的互惠行为多于惩罚与彼此强迫要求时，家庭功能最为良好（McCubbin & Patterson，1983）。

量表中有个问题，是"你们会讨论谁做家务吗"，一些学员很好奇地说，这有什么好讨论的，谁没事谁就做，互惠合作已经深刻融入其思想与行为模式之中。另一个问题是"一般来说，我们对分配给自己的家务活都感到不满意"，在笔者访问的6个家庭中，对这一问题的回答都是否定的。家务活只是家庭生活很小的一部分，却能体现出家庭内合作与互惠的生活模式。

  S6：（家里有事的时候，都是怎么解决的？）前几年我脑梗住院了，确实也吓到他（指患者）了，我那个时候就跟他谈，说我不能一直陪着他，他也得考虑考虑未来是不，后来他转变挺多，更知道心疼我了，也知道帮着我。我能多活一天也是他的福气呀。

S6家庭母亲脑梗入院治疗，可视为其家庭又一次遇到的逆境，母亲却提到了这次挫折带来的好的转变，母亲以此次患病为契机，用一种平等的方式与患者沟通，积极面对危机并最终通过一家人合作解决了问题。

家庭是一个共同体，中国话叫"家和万事兴"，在长期关系中，精神障碍者家庭能够在家庭内部保持高度的互惠，同时关心自己与他人，主动通过协商找到解决问题的办法，是家庭功能发挥不可缺少的一环。

五 总结：精神障碍者家庭抗逆力形成的特点与反思

通过对精神障碍者家庭疾痛的呈现及其家庭抗逆力形成的关键要素的分析，笔者将从 Walsh 提出的家庭抗逆力理论框架出发总结出具有本土特征的精神障碍者家庭抗逆力的特点，并站在社会工作者的角度反思，外部力量如何促进精神障碍者家庭抗逆力的生成、发展及维持。

（一）精神障碍者家庭抗逆力形成的特点

1. 关键的家庭内部人物

不同于家庭中的决策者，关键的家庭内部人物，就是家庭内部的灵魂人物，他（她）是坚定家庭信念、团结家庭成员、维持家庭稳定的关键角色，在笔者看来，精神障碍者家庭抗逆力形成的一个重要特点就在于家庭内部有一个灵魂人物——母亲，由于在传统文化中，女性作为母亲的身份被赋予独特的文化价值与作用，"母亲"角色处在各种家庭关系交织的节点，对其他的家庭成员会形成比较强的影响力和情感上的凝聚力。她不一定是家庭里的决策者，但她首先能够使家庭成员顺利地接纳患者，促成家庭里的良好沟通；其次维系各个家庭成员的关系，增强家庭凝聚力；最后使家庭形成统一的意义系统，发挥家庭功能并维持家庭稳定。

2. 灵活的家庭结构与分工

在精神障碍者家庭抗逆力形成的过程中，灵活的家庭结构与分工是每个家庭共同的特点。笔者访谈的6组家庭的家庭结构都呈现流动性的特点，即在不同时期家庭结构及规模有所变动。一般是有祖辈暂时加入以帮助家庭分担一定的照顾任务，尽管家庭向着小型化、核心化的趋势发展，但在精神障碍者家庭中，扩大家庭的支持与帮助是他们脱离困境的重要补充途径，如果家庭结构过于僵化或距离过远，这一部分的缺失会使家庭难以度过危机。另外，家庭现代化的一个趋势是家庭关系的主轴由亲子关系向夫妻关系转移，但这并未在精神障碍者家庭中得到验证，也正是由于精神障碍者家庭仍然以亲子关系作为家庭关系的重心，家庭成员对患病子女有着更为强烈的照顾责任和情感寄托，这也成为家庭得以维持的重要情感基础，尤其对于独生家庭而言，家属表现出更难以割舍的情绪，在逆境中更激发出涅槃重生的勇气。

3. 紧密的家庭内部系统

回顾笔者接触的 6 组家庭，每个家庭内部都形成了彼此支持、彼此信任的良性的家庭内部系统，家庭成员通过自身良好的沟通与协商完成家庭事务，良好的组织结构与家庭分工能够帮助其应对生活的变故。然而这也侧面反映出中国精神障碍者家庭从外部获取资源与帮助的无力或封闭。由于中国社会结构的特殊性，人们往往以家庭为核心将身边人分为"外人"和"自己人"。"家丑不可外扬"的观念使精神障碍者家庭在内部达成一致，团结向外，应对家庭中的问题与挫折，即使是有良好抗逆力的家庭在面对外部资源时，也往往过于被动。

一方面，紧密的家庭内部系统是家庭抗逆力形成的重要特征，在这个系统中，家庭成员密切合作，共同应对疾病带来的风险和挑战；另一方面，精神疾病社会污名的影响中，家庭内部自我消化与被动等待外部资助是中国精神障碍者家庭抗逆力形成的弱势所在。家庭抗逆力的建构不应仅依赖于家庭成员内部的能力与资源，寻求与拓展外部资源的能力还是十分必要的。

（二）反思：倡导精神障碍者家庭的积极叙事视角

诚如前文所示，与普通家庭的抗逆力生成和发展不同，精神障碍者家庭抗逆力的生成较多表现在家庭内部的调适和发展，患者及其家庭通过"患病前"及"患病后"的自我反思与家庭互动，逐渐发展出家庭抗逆力，呈现完整和积极的家庭形态，而家庭内部自我消化和被动等待外部资助恰恰是中国精神障碍者家庭抗逆力形成的弱势所在。虽然众多家庭研究已经证实外部支持系统在帮助家庭度过危机方面的重要作用，但社会环境因素如何促进精神障碍者家庭抗逆力的发展和维持仍需要更多的研究和实践。

由此，笔者认为帮助精神障碍者家庭讲述他们的疾痛故事并且帮助其对疾痛形成正确的认知，消除家庭内部的自我污名感，同时倡导精神障碍者家庭的积极叙事视角，强调被"问题视角"所忽视的叙事内容，对家庭抗逆力形成具有重要价值，是十分重要的服务。前文提到，医学人类学家凯博文提到现代医学往往只关注"病"而忽视了"痛"，他倡导对医疗提供者进行道德教育，对其背后的医疗体系进行人性化改革，而这个改革的基础就是对患者疾痛叙事的倾听和诠释，他提出了一种"迷你民族志"的方法来使患者讲述自己的疾痛经历，从而达到人文关怀并缓解痛苦（克莱曼，2010）。倾听精神障碍者的叙述是容易被忽略的，因为我们总默认其是不可沟通的或难以沟通的，而在中国1600万名精神疾病患者背后的家庭也同样被忽视了。笔者在与精神障碍者访谈的过程中，有3位家属在讲到患者的疾病经历时流下了眼泪，她们表示没有人能理解她们的辛苦，并对笔者的倾听表示感谢。社会建构主义认为现实是由语言构成的，语言组成了我们的生命和信念，我们的生活借着故事组成并得以维持（佛瑞德门、康姆斯，2000），而我们的生活故事被深深地打上了社会文化环境的烙印。精神障碍者的家属在对笔者的哭诉中提到"没有人看得起自己""真的是一场天灾，没有办法""就是命不好"，即使在讲述当前渡过难关后的平稳生活时，也会说"没什么好说的""都是这样的"，这种未被意识到的悲观态度与羞于表达使家庭不得已将困难进行自我消化，也使他们承受着巨大的压力。而当笔者通过帮助精神障碍者家庭重构有关疾痛的故事，从家庭的疾痛故事中挖掘其背后的优势与能量，帮助家庭将问题外化、找出家庭独特的行为方式、见证并帮助家庭重新树立新的生命故事时，家属的压力与辛苦都得到了暂时的缓解。

此外，还要发挥社会工作的社会属性，进行社会层面的倡导，在更广大的社会层面消解人们对精神障碍的污名与排斥，对社会固有观念的消除是困难的，但每次的倡导能让精神障碍者家庭看到希望的种子，当社会的污名不再指向精神障碍者及其家庭时，他们或许就可以以更开放的姿态参与社会生活，获取更多的社会资源，从而使生命历程更加完满。另外，还要帮助精神障碍者在更大的系统中获得帮助与资源。家庭的发展不仅依赖家庭成员的能力与非正式系统的支持，还依赖于社区及政府提供的外部正式社会支持。社区日间康复中心、社区医生随访等社区服务的完善正在成为精神障碍者家庭抗逆力形成的重要因素，笔者的访谈对象对社区康复服务都表示满意与感谢,然而社会工作者需对服务对象口中的"没什么可以帮助我们"等语句保持警惕,更加深入地挖掘家庭的需求,更加完善社区的服务体系与探索其他社区康复模式,在社区服务与社会政策方面做好精神障碍者家庭的发言人,使精神障碍者家庭能够生活得更好。

参考文献

阿瑟·克莱曼,2010,《疾痛的故事——苦难、治愈与人的境况》,方筱丽译,上海:上海译文出版社。

冯跃,2022,《随迁子女家庭抗逆力框架的整合研究》,《首都师范大学学报》(社会科学版)第4期。

吉儿·佛瑞德门、金恩·康姆斯,2000,《叙事治疗:解构并重写生命的故事》,易之新译,台北:张老师文化事业股份有限公司。

华红琴、曹炎,2019,《信念、沟通与联结:自闭症儿童家庭抗逆力生成研究》,《社会工作》第3期。

黄翠萍、谭卫华,2021,《孤独症患儿家庭抗逆力生成的叙事研究》,《医学与哲学》第21期。

康琪琪,2022,《寒门学子如何实现学业逆袭——基于家庭抗逆力理论的实证分析》,《少年儿童研究》第1期。

邱思宇,2020,《家庭抗逆力视角下精神疾病社会工作实务研究》,《社会福利》(理论版)第1期。

Walsh, Froma, 2008,《家族再生:逆境中的家庭韧力与疗愈》,江丽美等译,台北:心灵工坊文化事业股份有限公司。

Walsh, Froma, 2013,《家庭抗逆力》,朱眉华译,上海:华东理工大学出版社。

张明月,2021,《家庭抗逆力视角下社会工作介入精神障碍患者家庭的服务研究》,《社会与公益》第12期。

Anderson, J. R., Stith, S. M., Foster, R. E. et al. 2013. *Resilience in Military Marriages Experiencing Deployment*. New York: Springer-Verlag.

McCubbin, H. I. & Patterson, J. M. 1983. "The Family Stress Process: The Double ABCX Model of Adjustment and Adaptation." *Marriage and Family Review* 6: 7–37.

Walsh, F. 1998. *Strengthening Family Resilience*. New York: Guilford Press.

【禁毒社会工作研究】

信任视角下协同式行动研究中的合作路径研究

——以上海市 Z 社 H 项目为例*

陈 洁**

摘 要 以研究者与实践者的合作为特征之一的协同式行动研究对于双方实现协同合作的过程缺乏探究。本文以"合成毒品成瘾者社区戒毒康复干预方法研究项目"为个案，通过一年的参与式观察发现：信任视角下实务工作者与高校研究者的合作经历了基于角色信任的服从式合作、基于技术与能力信任的分工式合作、基于了解信任的理解式合作和基于认同信任的互惠式合作四个阶段。研究提出，研究者与实践者对自身可信任性的持续反思与交流即基于可信任性的持续反思性对话成为研究者与实践者达成协同合作的路径。

关键词 合作 行动研究 可信任性 反思

国内社会工作的"悬浮式发展"源于本土社会工作研究与实践的分离

---

* 本文系国家社会科学基金项目"中国社会工作本土化理论与实践模式研究"（18BSH153）的阶段性成果，项目主持人为华东理工大学社会与公共管理学院费梅苹教授。
** 陈洁，华东理工大学社会与公共管理学院博士生，淮阴师范学院社会工作系讲师，主要研究方向为社会工作教育、司法社会工作等。

(侯利文、徐永祥，2018），基于实践构建中国社会工作知识体系已然成为学界共识（安秋玲，2021）。行动研究方法通过研究者与实践者的合作来实现实践问题的解决、行动者能力的提升与社会工作实践性知识的生产（古学斌等，2020），其秉持破除理论研究与社会实践间壁垒的理念，与社会工作实践性特征相契合，被视为社会工作实践研究的重要方式（古学斌，2017），得到了社会工作学界的推崇。在这一背景下，高校社会工作研究者积极参与实务，与一线的社会工作实践者深入合作，在各个领域开展行动研究并取得了丰硕的成果。行动研究方法的有效运作建立在行动研究团队精诚协作的基础之上，但是，既有的研究着力于描绘行动研究的进程和成效，对于不同经验背景的研究者与实践者实现协同合作的过程缺乏深入分析。在行动研究中，不同经验和知识背景的研究者与实践者面临哪些分歧和差异？彼此间的协同合作经历了怎样的过程？是什么推动了双方合作关系的发展？本文将依托上海市社会组织 Z 社开展的"合成毒品成瘾者社区戒毒康复干预方法研究项目"，对行动研究中研究者与实践者的协同过程及其背后的动力因素和实现路径进行深入探究，以期实现行动研究方法的发展及其在实务领域更为有效的应用。

一 协同式行动研究中的合作关系与信任视角

（一）协同式行动研究中的合作关系

行动研究是对实践问题的螺旋式干预过程，也是团队协作的过程。Somekh 与 Lewin 对行动研究需遵守的重要原则进行了界定，明确指出行动研究是研究者（researchers）和参与者（participants）的协同研究（Somekh & Lewin, 2004），即不同主体共同参与到行动过程中，贡献与问题解决相关的意见或建议。

行动研究的研究取向存在差异，Grundy 受 Habermas 的影响，将行动研究分为"技术的"（technical）、"实践的"（practical）、"解放的"（emancipatory）或"批判的"（critical）三种类型（马佳、陈向明，2011）。有学者指出，不同研究取向的行动研究致力于实现的目的不同，而不同目的的行动研究中传统研究者与实践工作者的互动关系亦有所不同，二者间的关系需根据实际情况来确立（Day，1997）。阿特莱奇特等人则按照参与研究人员的不同成分，将行动研究分为合作模式、支持模式和独立模式，不同模式中专家和实际工作人员的合作形式也呈现不同的特点（陈向明，2000：451）。但是，作为行动研究精神特质的协同合作与民主参与是应该共同遵守的伦理守则，研究者与参与者应当缔结一种平等合作的关系（古学斌，2013）。

那么，行动研究中协同合作的关系当如何缔结？现有的研究中关于这一问题的讨论主要聚焦在教育学领域。在教育行动研究的协同关系中，存在"理论工作者的'独舞'"（汪明帅、胡惠闵，2008）、"礼貌背后的'我们－你们'二维关系"（马佳、陈向明，2011）等问题，参与各主体角色不明，难以恰当"入位"，导致合作研究经过短暂的兴奋后，最终搁浅。为此，学者们指出在合作性行动研究中建立协同合作关系的关键行动，包括权力均衡、信任的建立、交流沟通与反思（汪明帅、胡惠闵，2008；杨兰，2012）。教育行动研究关于协同关系的讨论虽然指出了改变的要素，但并未对合作关系变化的过程和内在的机制进行深入分析。

社会工作在灾区重建、乡村振兴、特殊人群处境改善等实务领域推进行动研究，主要聚焦于行动研究方法的应用过程和成效。这些研究中关于传统研究者与参与者的协同合作的论述相对有限，古学斌等（2020）认为参与式行动研究中研究者与参与者的合作是一个教育、意识提升和行动发展的过程，需要专家放下身段，去除自身的优越感，而其他参与主体需建立起自身的主体性并意识到自身经验和知识的独特价值，从而建立起平等合作的关系。廖其能、张和清（2019）在其研究中指出问题外化以及在建议给予和共同行动中寻找平衡点是促成平等合作关系的可能策略。但是既有的研究也依然未深入合作关系变化的过程并对其发展变化的内在动因与机制进行澄清和揭示。

（二）群体间合作与信任视角

研究者与实践者的协同式行动研究属于群体间合作，是双方一起从事互利活动的行为（鲍尔斯、金迪斯，2015：3）。群体间合作被看作异质性群体功能互补的结果（张弘、陈姝，2017），也是围绕着群体利益最大化而动态博弈的过程（王道勇，2022）。张康之（2008）认为广义的合作包括三种形态，即互助、协作与合作，互助是感性的、形态较为低级的共同行动；协作是基于工具理性的共同行动；合作超越协作，是一种实践理性的更高级形态。合作的形态伴随着行动基础的变化而发生改变。群体间合作是双方持续交互作用的过程，功能上的互补意味着合作的可能性但并不必然带来合作得以实现的结果，同样，利益得失的计算，价值规范的遵从，也建立在对于对方动机、能力和态度的持续评估中。互动双方对于对方实现目标的能力和态度的评估即信任的构建过程。在关于群体合作的讨论中，除去制度、动机、理性等要素的制约，信任在很多研究中被视为合作的条件之一，故而，从信任发展的角度来理解合作的推进是一条可行的路径。

学界关于信任的理解莫衷一是，不同学科试图从各自的角度对信任予以界定。总体而言，心理学倾向于将信任看作个体的心理特征，如罗特尔（Rotter，1967）和霍斯莫尔（Hosmer，1995）认为信任是一种存在于个体内部的相对稳定的性格特征。经济学则将信任看作理性计算的结果，"要在风险条件下最大限度地获得个人利益，必须在给予信任或拒绝信任中做出选择"（郭慧云，2016：6）。社会学突破了个体的局限，从社会的视角阐释信任的形态及其产生和作用机制，如卢曼从新功能主义角度界定信任，指出信任是简化复杂性的机制之一（卢曼，2005：3）。吉登斯则将信任看成本体性安全，认为具有本体性安全意义的信任是人们生活和实践的立足点（吉登斯，1998：60）。社会心理学对信任的理解则结合个体特征和情境特征，认为信任是个体在和特定的他人进行特定的互动过程中所持有的一种期望，基于对被信任方行为的积极预期，信任方愿意将自己置于一种弱势地位，而不论其是否能够监督和控制被信任方的行为（霍荣棉，2015：5）。

关于信任的内涵，本文试图从最一般化的核心特质来界定。总体来说，信任强调几个基本方面：（1）从情绪状态来看，信任主体处于正面且安全的感受中；（2）在行动指向上，信任主体伴随着托付的行为，是建立在积极期待基础上的甘冒风险的行动倾向；（3）在情境方面，信任情境是不确定的，即托付的效果并非当下即刻可见，情境中包含着诸多偶然性和不可预测性；（4）从过程来说，信任过程包含对可信任性信息的持续收集，并且不断地调整信任预期，是一个动态变化的心理过程。

所以，信任是受到双方交互历史的影响并在互动中持续变化的过程（Hinde & Groebel，1991：190-211），交互过程中的可信任性信息的收集和信任预期的调整是信任变化的前提条件。布劳提出责任履行和交换范围的逐步扩大都可以促进信任的产生（霍荣棉，2015：12）。由于信任中持续包含着认知和情感的张力，研究者试图用信任的阶段理论将两者整合起来，强调在不同的时间阶段，信任的成分存在差异（Schoorman et al.，2007）。Gulati 和 Maxim（2008）认为在一般团队中，信任经历了以下三个阶段：基于威慑的信任、基于知识的信任、基于认同的信任。莱维茨基（Lewicki）等则提出信任发展的三阶段模型：基于计算的信任、基于了解的信任和基于认同的信任（霍荣棉，2015：14）。总体而言，信任是一个连续的阶段，从低层次的水平往高层次的水平发展，只有当低层次的水平得以建立的时候，信任才会向更高水平发展。

信任理论为互动双方合作关系发展的历程研究提供了有益的理论框架。双方对可信任性信息的收集以及对信任预期的调整持续推动着信任过程的发展，从而带来双方合作的变化。本文希望通过引入信任视角，从信任发展的角度来呈现行动研究中传统研究者与实务工作者协同合作的历程，并针对双方合作关系的变化进行反思，以实现对其动因与内在机制的澄清与揭示。

（三）研究方法

上海市社会组织 Z 社为了精准找到服务介入点，更有效地提供社区戒毒康复服务，邀请 H 大学行动研究团队参与，并于 2020 年 10 月启动"合成毒品成瘾者社区戒毒康复干预方法研究项目"。项目确定 J 区为综合维度干预方法研究的试点区站，随后双方与 J 区站负责人进行对接，最终形成由总社负责人 1 位、J 区站禁毒社会工作者 7 位、H 大学研究团队师生 6 位组成的"行动研究团队"。其中 7 位 J 区站禁毒社会工作者和 5 位 H 大学在读博士研究生构成核心团队，所有参与者共同推进为期一年的"合成毒品成瘾者社区戒毒康复干预方法研究项目"。整个核心团队在问题确定、服务方案设计、理论选择、服务的有效方法技术等方面不断进行交流、研讨，致力于解决 J 区站禁毒社会工作实践过程中的问题，并形成合成毒品成瘾者社区戒毒康复干预中有效方法技术的提炼。

笔者作为核心团队中的一员，与一线禁毒社工、大学研究团队成员全程接触，深入讨论。本次研究采用多元的资料收集方法：通过录音、录像以及现场笔记的方式，细致记录互动过程；通过参与式观察、半结构式访谈等方法，挖掘各位参与者的表现和理解；运用焦点小组方法促进小组讨论，探讨参与者的想法并推动其反思；采用书写田野日志的方法对行动过程进行记录和思考。本文书写的资料主要来自笔者参与式观察的田野日志。

二 信任视角下的协同式行动研究团队合作历程

如果将 H 大学研究团队看作拥有丰富理论知识的研究者，将 J 区站的一线禁毒社工看作拥有充分实务经验的实践者，那么行动研究的推进过程亦是研究者与实践者共同磨合成为一个行动研究团队的过程。虽然双方有强烈的合作意愿，但由于是第一次在禁毒社会工作者中开展行动研究，无论是实践者还是研究者，在本次行动研究的实践层面都处于一种摸索的状态，所不同的则是研究者拥有关于行动研究的理论知识，合作即在这样的境况下展开。整个协同合作历程从信任基础变化的角度可以划分为以下几个阶段。

（一）基于角色信任的服从式合作

行动研究的开端源于对实践问题的发掘，缺乏实践者的发声是无法查找出实践中的问题的，也无法真正开启一段行动研究的旅程。实践者与研究者初期的接触即围绕问题的发现而展开。J 区站按照项目要求筛选并确定 10 名服务对象，研究者提供《认知行为评估量表》、《社会支持评定量表》（SSRS）、《一般自我效能感量表》（GSES）作为问题聚焦和成效评估的测量工具，协助实践者完成 10 名服务对象的需求分析，核心团队一起对服务对象的共性需求进行整理，初步确定以"防复吸"为总目标，以认知维度的干预为重点的初步行动框架。

在这一过程中，实践者和研究者完成了初步的接触，建立起快速的初始信任。但是这一时期的信任是不稳定的，不仅是因为成员个人信息的缺乏，而且也源于双方对在行动研究中各自扮演何种角色、履行何种职责缺乏明晰的认知和定位。实践者虽然经历了线上的培训和线下的自主学习，但由于行动研究并非其日常的工作方式，其很难在短时间内掌握行动研究的要领；研究者对行动研究有理论上的认知，且身负博士研究生角色的刻板印象及拥有带头人学术声望的加持，高知角色的定位在团队初创期非常明显。J 区站的社工组长 L 在第一次集体会议中表示"很荣幸有这么多的博士老师参与到我们的日常工作中来，你们说怎么做，我们尽全力配合"①。高校研究者团队内部也默认了合作初期自身的主导性作用，主动拟定双方的行动安排，包括培训行动研究方法、听取案例汇报、查找案例共性。在社工不知道该从何处着手时，安排社工尽快确定参与的服务对象名单，并建议组织案例汇报会。② 在合作初期这些相关因素的共同影响下，最初实践者与研究者的相处表征为一种服从式的合作关系，体现在两个方面。第一，实践者在集体讨论中除了描述案例情况，较少发表个人看法和提出建议。以案例汇报会的情形为例，包括旁听社工在内共有 20 多位区站社工参与会议，在汇报案例之外发表个人意见的社工只有 3 位。③ 第二，实践者等待研究者安排具体的行动任务，对于项目后续工作缺少了解。协同所需的相互配合在行动研究的问题澄清阶段更多地表征为"实践者配合研究者做行动研究"，即基于对研究者学术角色信任的服从式合作。

（二）基于技术与能力信任的分工式合作

在初步确定活动总目标后，研究者进行内部反思并形成统一意见，认为在子维度的问题提炼上需要更加聚焦才不至于令行动干预泛化。实践者亦通过行动方案的撰写发觉在"防复吸"目标下行动方案与过往的方案设计没有明显差别，所以双方在问题聚焦层面达成共识并开始对干预问题进行再一轮研判。在迟迟无法将目标服务对象的共性问题具体化的情况下，研究者最终决定重新分析量表前测数据，依靠逐条比对量表项目的得分情况来缩小问题的范围，最终聚焦在"因为有吸毒背景，所以到哪里都不会被认同，到哪里都不会被接纳"这一量表条目上。为进一步明确该条目表

---

① 2020 年 11 月 3 日 J 区站第一次行动研讨会议记录。
② 2020 年 11 月 17 日 H 大学行动研究团队第二次内部线下会议记录。
③ 2020 年 11 月 26 日 J 区站第二次行动研讨会议暨案例汇报会议记录。

征的具体问题，实践者根据此问题对服务对象进行访谈，在验证问题的同时，通过服务对象的陈述将问题表述具体化为"服务对象因吸毒经历而产生的自我贬低及夸大环境排斥的偏差认知"。核心团队终于找到了干预问题，并在这一寻找过程中建立了新的信任。

实践者真切认识到量表工具的效能——"一直以为量表问卷就是用来检验我们的工作是否有效的评估工具，这次是学习到了……可以缩小问题的范围……我们还可以根据量表反馈的问题再次访谈以收集更多与问题相关的信息"[1]，也感受到研究者的积极引导以及双方在聚焦问题时的不同功能；研究者也感触颇深，博士研究生C在分享中表示"怎么去聚焦实践中的问题其实对于我们来说也是一项挑战。我们最终又回到了前测的量表，通过逐题统计来找出共性问题。这个方法便于社工老师理解和掌握，也有助于科学和经验两条腿走路"[2]，高校研究者在实践对理论的检验中看到量表工具应用的良好效果，也感受到了实践者的主动思考。基于对相关量表工具的效能和双方在配合中展现出的能力的信任，合作关系向前跨进了一大步，彼此间的相处也发生了一些微妙的变化，表现在以下两个方面。第一，双方对各自的角色和职责逐渐明晰。实践者明晰了自己在行动研究团队中不仅是一线禁毒社会工作实践者，也是行动研究中经验素材的收集者和验证者；研究者明确了自己在行动研究团队中不仅是理论知识技术的输出者，也是行动研究中实践问题的协同解决者。第二，双方开始共享话语权，共同推进行动研究。在围绕共性问题开展验证性访谈的情况汇报会议上，多位社工在报告相关问题情况的同时分享了自己对于共性问题查找的看法，双方共同讨论确定行动研究的核心关注问题。[3] 协同所需的相互配合在行动研究的问题聚焦阶段更多地表征为"实践者与研究者分头行动，一起研究"，即基于技术与能力信任的分工式合作。

（三）基于了解信任的理解式合作

在明确了具体的干预问题后，接下来需要重新撰写行动计划，理性情

---

[1] 2020年12月4日J区站第三次行动研讨会议记录。
[2] 2020年12月4日J区站第三次行动研讨会议记录。
[3] 2020年12月4日J区站第三次行动研讨会议记录。

绪治疗模式和焦点解决短期治疗模式作为两种备选的干预模式被纳入了研讨。实践者表示对于前者更加熟悉，但也不排斥为了行动研究的顺利开展而主动学习后者。研究者在比较了两种介入模式后，推荐了后者。实践者迅速购买相关书籍开始学习，但是学习过程中关于对该模式的理解以及相关技术的运用存在诸多疑问。在这一情况下，研究者开始反思行动研究中干预理论模式选择的标准和动机，在经历深刻的检查后，研究者联系实践者坦承先前考虑的缺失，将两种干预理论模式在这一行动研究中应用的优缺点逐一呈现，并邀请实践者共同决策，最终核心团队根据理性情绪治疗模式完成了行动方案的多轮修改和行动实施，并取得了良好的实践效果。

研究者在获得了初步的能力信任之后，却因为相对轻率的选择带来了本次行动研究的一段"弯路"。事后再来看这段"弯路"，感觉是非常必要的，它打破了核心团队中对于研究者的"迷信"，也令研究者在自省理论与实践的适切性的同时，认真考虑如何重塑核心团队中的信任关系。"信息沟通和传递的过程本身也被视为一种信任信息的来源"（Shore & Tetrick, 2006），由于在介入模式上的"举棋不定"和"出尔反尔"，博士研究生团队单独召开了两次内部会议，讨论问题发生的原因以及补救的措施。[①] 大家一致认为在介入模式选择的过程中忽略了实践者的声音，决策缺乏经验支持且过于强调理论上的契合性。在这种情形下，研究者通过与区站组长的联系，坦承思考的缺失，如实地面对可能的后果，及时地提供修复的方案，真诚地邀请实践者参与。研究者的真诚沟通打破了角色"迷信"，同时也获得了实践者的理解。

实践者根据理性情绪治疗理论设计了行动计划书，但由于长期形成的活动设计套路的影响，计划书呈现"理论搭台、娱乐主导"的倾向。研究者将理性情绪治疗的关键步骤与活动计划相关联，逐节细抠活动设计与目标之间的关联，邀请社工分享设计理解与过往的有效经验，经过三轮调整，行动研究团队终于拿出了双方都认可的行动计划书。在这一过程中，研究者很担心计划书的反复调整会影响到实践者的日常工作以及参与的信心和热情，在与实践者的沟通中，实践者表示"参与就是来学习的，总站将综

---

① 2020 年 12 月 9 日、12 月 10 日 H 大学行动研究团队第四次、第五次内部线下会议记录。

合维度放在我们区站，我们也想要做出点东西来……老师们提出的建议也是我们工作中的疑惑，刚好利用这次机会，好好学习一些新东西……"①。沟通打消了双方的疑虑，也为更深入的合作奠定了基础。

双方在这一阶段的关系变得越来越密切，表现在以下两个方面。第一，互动更加放松。双方会在研讨时交换在行动研究项目开展过程中比较个人化的一些内心感受与想法，包括对工作进度、工作强度、工作难度的看法与态度，亦会围绕着日常工作中其他的难点进行一些探讨。第二，相互间关于行动研究项目如何运作的交流越来越频繁。双方不仅见面时沟通，事关行动的决策在无法见面的情况下还会打电话交流，对对方的工作内容都比较了解。协同所需的相互配合在行动研究的方案策划与执行阶段更多地表征为"实践者与研究者相互理解，研究着行动"，即基于了解信任的理解式合作。

（四）基于认同信任的互惠式合作

伴随着研究者和实践者对行动研究拥有了更多体验性认识，特别是在实践效果逐渐显现，即服务对象自我贬低的情况获得明显好转、参与区站活动的反馈越来越积极的情况下，行动研究进入了评估总结与反思的阶段。实践者与研究者都开始对整个行动研究过程进行总结和反思。实践者开始思考自身在这一历程中在问题聚焦、方案策划和活动设计中都做出了哪些调整，尝试着对自己在整个过程中的行动经验进行总结。研究者在反思行动研究历程的同时对实践中出现的新问题保持关注，并考虑干预技术与新问题的适切性。双方在交流中对行动研究的运作流程以及自身在这一历程中的成长越来越清晰。

我们会发现到了这个阶段，当看到最初的问题在某种程度上获得了解决，看到自己和对方都在这一历程中有所改变和收获时，双方对行动研究这一工作形式的效果和价值产生认同，对自己参与其中的行动研究团队产生认同。社工C在谈及小组带领感受时感慨："过去我们的服务对象参与小组活动，很多是因为和社工的关系好，是看在社工的面子上参与小组活动的。但是这次他们参与两节后热情很高，再远也要过来，下雨天也要过来，

---

① 2020年12月14日J区站第五次行动研讨会议记录。

不光是给面子的问题，也不仅仅是情绪获得宣泄，而是他就觉得对自己、对以后的生活其实是有用的。"① 而之所以有这种变化，是因为"我们自己特别认真地学习，我跟 X 两个人也是沟通和研究了好久，就怎么样去设计这个环节，真的是在项目里边学边做"。② 几位博士研究生均表示"这种研究方式使书本理论接了地气，能真正地服务专业实践，感觉特别有意义"。③ 这种由价值观和归属感带来的信任，使双方都自觉地认可大家是一个整体，双方的合作越来越默契。具体表现在：第一，研究者和实践者对对方关注的中心都有所认识和了解，能够从自己经验的角度去考虑对方的关注点并提供支持；第二，研究者和实践者形成了比较稳定的交流方式，各自内部交流后汇总观点，再回到共同体内部进行有针对性的交流；第三，双方对问题干预的不确定性都有了比较清晰的认识，但都愿意为问题的解决持续地提供智慧和行动方案。协同所需的相互配合在行动研究的反思和评估阶段更多地表征为"实践者与研究者相互认同，行动着研究"，即基于认同信任的互惠式合作。

综合上文所述，研究者与实践者合作开展行动研究，形成作为整体的行动研究团队并非一蹴而就的结果，其合作伴随着双方信任基础的变化，经历了多种形态。双方通过对自身能力与价值的展现不断提升对方对自己的信任度，也通过对对方能力与价值的认识来确认对对方的信任度。所以行动研究中双方的合作历程既是一个行动的过程，即展现能力与价值的过程，也是一个研究的过程，即认识能力与价值的过程。在过程中双方不断深化对各自角色、职责、能力、价值的理解，也不断挖掘自己的潜能，从而形成行动与研究、信任与合作的良性互动。

三 合作关系发展的路径：基于可信任性的持续反思性对话

为了进一步提炼行动研究中研究者与实践者合作关系发展的内在逻辑，

---

① 2021 年 3 月 23 日 J 区站第七次行动研讨会议记录。
② 2021 年 3 月 23 日 J 区站第七次行动研讨会议记录。
③ 2021 年 3 月 29 日 H 大学行动研究团队第九次会议记录。

在上文对协同合作四阶段初步归纳的基础上，笔者将对行动研究中促成合作发展的动因和路径进行深度剖析。

（一）对可信任性的反向思考

信任的发展受到互动双方交互过程的影响（Behnia，2008），合作关系也跟随着信任发展而调整。可信任性信息的收集和信任预期的调整对于整个合作关系的发展发挥着重要的作用。可信任性是个体所具有的能够使其值得他人信赖的特点。彼得·什托姆普卡（2005：102~104）认为声誉、表现和外表是构成可信任性的三个要素。麦克奈特等（Mcknight et al.，2011）提出仁慈、正直和能力是影响个体可信任性的主要因素。杨曦等（2019）在对信任文献进行统计整理后提出，能力、仁善、完整性和可预测性这四个特征几乎涵盖了目标信任体"可信性"的主要部分。在这些总结中，能力和仁善的品质成为个体可信任性不可或缺的组成部分。

在这段合作历程中，实践者为解决实务中遇到的问题而参与，实践者的可信任性就在于这个群体有充分的实务经验，有强烈的、一以贯之的解决问题的热情，有不断提升自己专业能力的要求；研究者参与行动研究是为了在协助服务对象解决实践问题的同时思考实践中的知识并形成理论，其可信任性就在于这个群体有丰富的理论与技术储备，有理论联系实际的敏感，有关注实践、扎根实践的热忱。但是，在合作中，双方的主要思考点并未放在如何找到对方的可信任性上，而是关注自身如何值得对方的信任。作为实践者，能学习和掌握行动研究吗？作为研究者，提供的理论能有效地协助实践者解决问题吗？如若双方不能，问题出在哪里，如何改进以更好地服务于本次行动研究？换言之，双方的出发点不再执着于对方能为自身提供什么，而是自身能为合作提供什么，甚至是能为对方的核心关注提供什么帮助——基于可信任性的自我反思，这一反向思考反而促成了双方各自展现自己的能力、真诚、勇气和智慧，这种展现反过来更加促进了彼此之间的信任。

（二）持续反思可信任性

"关系的建立和信任感知的变化是一个动态的过程"（霍荣棉，2015：11），在交往的不同阶段，信任的成分亦发生变化，即信任的内容会跟随着情境的变化而发生改变。在行动研究的合作历程中，研究者和实践者面临一系列任务，要寻找核心问题，要确定行动方案，要实施行动，要应对行动中出现的各种新问题，要评估行动的效果，要围绕新问题展开新的研究，除去这些规定性任务，还要时刻准备应对未被预期的事情。无论出现何种问题，其解决都需要研究者和实践者共同面对与妥善处理，处理的结果并不确定，但是处理的方式和效果会对信任合作关系的发展产生重要的影响。"反思性思维是对某个问题进行反复的、严肃的、持续不断的深思"（杜威，2005：11），而这样的思维"起源于某种疑惑、混淆或怀疑"（杜威，2005：20）。换言之，不确定的信任情境引发疑惑、怀疑，需要参与其间的互动主体持续不断地予以探究。所以，研究者和实践者对自身可信任性的思考并非一劳永逸的阶段性要求，而是贯穿整个行动研究过程的持续性任务。

当感受到团队内部对部分人群过分依赖的时候，需要反思协同式行动研究的本义，反思自身的可信任性应当如何建立；当整个团队无法聚焦问题的时候，需要反思问题聚焦的流程和方法，反思自己提供的问题聚焦的方式与方法能否得到对方的理解并在实践中获得验证；当因为考虑不周而导致行动研究走了一段"弯路"的时候，需要反思自身工作的疏漏，反思如何通过自己的行动争取对方的谅解并弥补所造成的"损失"。总之，双方皆需要对自己提出的任何意见和想法，反复思考它在实践当中的适切性，不断地思考自身值得对方信赖的特征是否经得起实践的考验，在行动研究的推进中不断换位思考，不断谋求理论技术与行动实践的匹配，不断增进双方对于行动研究本质的认识和理解。

（三）基于可信任性展开对话

当研究者与实践者在合作过程中的出发点更多地考虑如何增强自己的可信任性特质的时候，紧紧跟随的问题就是当前的情境需要什么，对方需要什么，而自己能做点什么以符合情境和对方的需要。关于这些问题的回答，研究者和实践者只有通过对话交流才能实现。

"对话是一种建立在平等基础上的主体性关系，通常表现为人与人之间不求胜败的交流。"（郭冰，2014）对话者在交流过程中走出个人的世界，主动向他人开放，在理解他人的基础上分享自己的经验，推敲别人的经验，并使对方在理解自己的基础上也受到影响（杨帆，2018）。研究者与实践者通过交流来了解对方如何看待情境任务和问题，对方的核心关注是什么，实践反馈出什么，而理论能提供什么，对方需要自己提供哪些协助，等等。在团体交流过程中始终保持着对对方经验和需要的好奇及真诚请教的态度。在这样的对话中，双方跳出"自我中心主义"，同时关注"自我"与"他者"，从主体性走向主体间性，从单主体中心转向"我－你"关系主体，建构"共享性思维"（杨支才、刘东梅，2020）；也在这样的对话中，双方调整或打破原有的认知结构，拓展自己的经验领域，在理解对方话语的基础上，感知甚至内化新的认识和价值观念。在本次合作历程中，研究者与实践者形成了相对稳定的对话交流模式。为避免讨论人数过多带来的话题跑偏或责任退却，在各阶段性的全体讨论之前，研究者与实践者都先围绕该阶段的主要工作及自身的主要需求召开内部讨论，由各自的代表汇总观点先期进行个别交流，再将对方提出的需要以及对工作的理解带入内部讨论中，此时会出现一些疑问，那么这些疑问就会被带到全体会议进行讨论。这种做法使研究者和实践者都能够从对话中获益：首先，每次交流都能够收集多元的声音，即通过多音性的交流以确保多种视角主导沟通，包容各种视角下的变动性、异质性（马佳、陈向明，2011）；其次，保证了对对方经验的格外关注及思考，对方的需要在讨论中得到澄清，成为双方提升自身可信任性的重要途径；最后，提升了每次会议的效率，而有效率的交流本身又可以增进双方的信任。

所以，可信任性的提升是推动信任发展并深化合作的有效动力，围绕着自身可信任性的提升而展开的持续性反思和对话，即基于可信任性的持续反思性对话是促成深度合作的内在路径。

四 结论与讨论

本文依托上海市社会组织 Z 社的"合成毒品成瘾者社区戒毒康复干预方法研究项目"，呈现了一个较为完整的信任视角下高校研究者与实务工作者协同合作关系发展的历程。研究致力于回答以下几个问题。（1）行动研究中研究者与实践者的协同合作是伴随着信任基础的变化而不断发展的过程。双方的合作经历了基于角色信任的服从式合作、基于技术与能力信任的分工式合作、基于了解信任的理解式合作和基于认同信任的互惠式合作四个阶段，从最初实践者配合研究者做行动研究，到实践者与研究者明晰角色、分头行动、一起研究，再到双方相互理解，研究着行动，直至实现双方行动着研究，协同式行动研究并非研究者与实践者简单"1+1"的结果，而是伴随信任度的提升不断深化合作形态的历程。（2）行动研究中，可信任性的提升是双方信任发展的动力因素。通过对自身可信任性即干预问题的能力、解决问题的热忱、参与研究的真诚品质的展现，在破除角色迷信的同时，不断提升双方对于对方以及自身的认识，最终促成了基于认同的信任，形成行动研究团队整体的概念。（3）研究者与实践者对自身可信任性的持续反思与交流即基于可信任性的持续反思性对话成为研究者与实践者达成协同合作的路径。双方在自身可信任性提升的立场上，持续反思和交流对方的需要以及自身工作与对方需要的适切性，这一行动增进了对彼此的了解，沟通了相互的心意，增强了彼此之间的信任关系。

需要指出的是，社会工作领域中高校研究者与一线实践者间的互动并非纯粹意义上陌生团队间的协同。社会工作作为一种源自西方的思想理念和组织行动方式，尽管已经在我国学科体系和职业设置中获得了制度上的合法性地位，但是，无论是社会工作研究还是社会工作实务依然需要在实践中确立并检验自己的专业性和有效性。伴随着"十四五"时期经济社会发展的要求，"高质量发展"成为新阶段社会工作的发展任务（王思斌，2020）。本土社会工作实践性知识的生产、实践者能力的提升以及实践问题的解决是中国社会工作高质量发展的迫切需要，这既是实践性的社会工作学科发展的要求，也是社会工作实务界应对实际服务困境的路径选择。所以，高校研究者与一线实践者在开展行动研究时拥有共享的意图和特定指向的意向，这种潜在的集体意向性也为二者间真正实现作为整体的"我们"的合作奠定了基础（张钢、乐晨，2016）。

此外，以上研究发现根植于本土文化情境，互动双方基于自身可信任性的持续反思性对话，与中国文化背景下对"自省"和"诚信"品质的重视密不可分。不同于西方信任研究中将"信任"看作一种冒险及乐观的预期和行为的看法，中国文化情境中的信任强调单方主动践行诚信，是一种对诚信的确认而带来的保障感（杨中芳、彭泗清，1999）。协同式行动研究中研究者与实践者各自对于自身能力和态度的持续反思实践即希望通过自身对诚信的践行来实现"他信"，进而实现"互信"的良性循环，最终推动基于对行动研究的理念和价值认同的互惠式合作。

参考文献

安东尼·吉登斯，1998，《现代性与自我认同》，赵旭东、方文译，北京：生活·读书·新知三联书店。

安秋玲，2021，《社会工作者实践性知识的社会向度探析》，《社会科学》第7期。

彼得·什托姆普卡，2005，《信任——一种社会学理论》，程胜利译，北京：中华书局。

陈向明，2000，《质的研究方法与社会科学研究》，北京：教育科学出版社。

古学斌，2013，《行动研究与社会工作的介入》，载王思斌主编《中国社会工作研究》第十辑，北京：社会科学文献出版社。

古学斌，2017，《道德的重量：论行动研究与社会工作实践》，《中国农业大学学报》（社会科学版）第3期。

古学斌、兰茜、齐华栋，2020，《老年人与地方营造：一项跨学科灾后社区重建的行动研究》，《社会工作》第3期。

郭冰，2014，《对话精神的结构及其异化——基于课堂师生对话的探讨》，《教育科学研究》第4期。

郭慧云，2016，《论信任》，重庆：西南师范大学出版社。

侯利文、徐永祥，2018，《被忽略的实践智慧：迈向社会工作实践研究的新方法论》，《社会科学》第6期。

霍荣棉，2015，《互依理论视角下的团队信任与绩效优化》，北京：中国社会科学出版社。

廖其能、张和清，2019，《社会工作督导范式转向研究——以"双百计划"协同行动为例》，《社会工作》第1期。

马佳、陈向明，2011，《开启教育行动研究中的反思性对话：问题、原因与策略——校外协同研究者的视角》，《教育学术月刊》第2期。

尼克拉斯·卢曼，2005，《信任》，翟铁鹏、李强译，上海：上海人民出版社。

塞缪尔·鲍尔斯、赫伯特·金迪斯，2015，《合作的物种——人类的互惠性及其演化》，张弘译，杭州：浙江大学出版社。

汪明帅、胡惠闵，2008，《教育行动研究中的合作：为何与何为》，《教育发展研究》第 2 期。

王道勇，2022，《社会合作何以可能——集体利益论与集体意识论的理论分析与现实融合》，《社会学研究》第 5 期。

王思斌，2020，《"十四五"期间社会工作应以高质量综合效能型发展为基本遵循》，《中国社会工作》第 31 期。

杨帆，2018，《教师的反思性语言形态》，《北京大学教育评论》第 1 期。

杨兰，2012，《合作性行动研究过程及关键行为——基于一项民办高校教学改革试验的反思》，《教育学术月刊》第 11 期。

杨曦、罗平、贾古丽，2019，《基于社会学信任理论的软件可信性概念模型》，《电子学报》第 11 期。

杨支才、刘东梅，2020，《论对话视阈下医患关系的反思与重构》，《中国卫生事业管理》第 4 期。

杨中芳、彭泗清，1999，《中国人人际信任的概念化：一个人际关系的观点》，《社会学研究》第 2 期。

约翰·杜威，2005，《我们怎样思维·经验与教育》，姜文闵译，北京：人民教育出版社。

张钢、乐晨，2016，《基于集体意向性理论的群体认知过程重构：以组织中的团队为例》，《科学技术哲学研究》第 6 期。

张弘、陈姝，2017，《偏见从何而来——身份意识、异质群体与合作的演化》，《南方经济》第 9 期。

张康之，2008，《合作社会理论的构想——评罗尔斯的社会合作体系》，《南京社会科学》第 1 期。

Behnia, Behnam. 2008. "Trust Development: A Discussion of Three Approaches and a Proposed Alternative." *The British Journal of Social Work* 38 (7): 1425–1441.

Day, Christopher. 1997. "In-service Teacher Education in Europe: Conditions and Themes for Development in the 21st Century." *Journal of In-service Education* 23 (1): 265–282.

Gulati, Ranjay & Sytch Maxim. 2008. "The Dynamics of Trust." *Academy of Management Review* 33 (1): 276–278.

Hinde, Robert A. & Jo Groebel. 1991. *Cooperation and Prosocial Behaviour*. New York: Cambridge University Press.

Hosmer, L. T. 1995. "Trust the Confidence Link Between Organizational Theory and Philosophical Ethics." *The Academy of Management Review* 20 (2): 379–403.

Mcknight, D. H., Carter, M., Thatcher, J. B. et al. 2011. "Trust in a Specific Technology: An Investigation of Its Components and Measures." *ACM Transactions on Management Information System* 2 (2): 12 – 32.

Rotter, J. B. 1967. "A New Scale for The Measurement of Interpersonal Trust." *Journal of Personality* 35 (4): 651 – 665.

Schoorman, F. D., Mayer, R. C., & Davis, J. H. 2007. "An Integrative Model of Organizational Trust: Past, Present & Future." *Academy of Management Review* 32 (2): 344 – 354.

Shore, L. M. & Tetrick, L. E. 2006. "Social and Economic Exchange: Construct Development and Validation." *Journal of Applied Social Psychology* 36 (4): 837 – 867.

Somekh, B. & Lewin, C. 2004. *Research Methods in Social Sciences*. London: Sage.

艾滋病合成毒品滥用者的特征分析及干预策略研究

耿军霞　张礼烜*

摘　要　近年来，合成毒品滥用者感染艾滋病人数呈逐年上升趋势，该群体社会功能受损程度明显。本文运用质性研究方法，对 HD 区 12 个研究对象进行半结构式访谈，以生态系统理论为指导，从微观、中观和宏观三个维度进行群体特征和需求分析。研究发现，该群体在心理上存在焦虑、恐惧；在行为上表现为戒毒困难、普遍的无保护性行为；在自我意识上多数选择自我封闭。在中观层面呈现家庭支持系统薄弱、朋友圈缩减、社会组织投入不足等问题。在宏观层面则表现为社会接纳度低、政策支持不足等状况。在此基础上，本文提出针对该类群体基于生态系统理论的社会工作介入策略。包括：在微观上，改变认知、提升信心；在中观上，重建家庭、朋辈和社区的支持系统；在宏观上，倡导完善法律制度、营造全民接纳氛围。

关键词　艾滋病　毒品滥用　生态系统理论　社会功能　社会工作

---

*　耿军霞，上海市自强社会服务总社社会工作者，高级社会工作师，研究方向为禁毒社会工作；张礼烜，上海市自强社会服务总社社会工作者，研究方向为禁毒社会工作。

一 引言

（一）研究背景和研究问题

艾滋病是一种免疫系统疾病，是严重威胁人类健康的慢性致死性传染疾病，是全球面临的重大公共卫生和社会问题（Liu et al.，2017）。药物依赖与艾滋病是一对孪生兄弟，药物滥用人群是艾滋病病毒感染的高危人群（Martin，2016）。《2021年中国毒情形势报告》显示，截至2021年底，全国以甲基苯丙胺类（俗称"冰毒"）为代表的合成毒品滥用人群达83万，占55.85%。[①] 一些大城市出现滥用"犀牛液""0号胶囊"等色胺类物质的吸毒群体，其多为18~35岁、学历较高且拥有稳定职业的人员，传播艾滋病风险极高（姚佐薇等，2021；朱传新等，2021）。

以上海市HD区为例，近年来，随着毒品流行品种的更迭，使用合成毒品的HIV感染者数量持续增加，经性方式传播艾滋病病毒逐步取代血液传播方式。合成毒品能够作用于人体的中枢神经系统，易产生极强的兴奋作用，诱发多性伴、不使用安全套、性交易、性暴力等不安全性行为，增加艾滋病的感染与传播风险（夏国美等，2009）。

艾滋病合成毒品滥用者[②]既是毒品滥用者，又是艾滋病病毒携带者（或病人），亦可能存在其他隐秘身份，如男男性行为者（王晓丹等，2020）。该群体因多重危险因素的影响，社会功能发展受到严重阻碍。本文的目标是以上海市HD区为实践研究地点，从社会工作视角探讨和了解艾滋病合成毒品滥用者的认知行为、社会交往、社会互动的群体特征，以探索和凝结服务经验。

---

① 《〈2021年中国毒情形势报告〉发布》，中华人民共和国公安部网站，https://www.mps.gov.cn/n2254098/n4904352/c8553476/content.html。

② 合成毒品是指人工化学合成的致幻剂、兴奋剂类毒品，是由国际禁毒公约和我国法律法规管制的精神药品和麻醉药品。林卡、周伦（2010）在《中国吸毒与艾滋病状况调查的综述和评论》中提出将艾滋病与吸毒研究结合的思路；刘晓梅（2010）提出"HIV+吸毒者"的概念；联合国艾滋病规划署于2021年零歧视系列简报中提出"艾滋病毒使用者"为七个主题之一。本文所用"艾滋病合成毒品滥用者"这个概念是沿用国内外禁毒工作和禁毒社会工作领域的惯用概念，目标是患有艾滋病的合成毒品滥用者，探索其特征、需求及干预模式。

具体关注的问题是：该群体的弱势体现在哪些方面？目前的服务需求是什么？如何优化禁毒社会工作者针对该群体的干预服务？

（二）已有研究综述

感染艾滋病和合成毒品滥用两个因素叠加，使该群体遭受着极大的痛苦，在个人、家庭和社会功能等多方面遭受损伤。

目前学界对艾滋病群体或合成毒品滥用群体研究较为深入。例如，乌鲁木齐地区吸毒人口持续增长是艾滋病在少数民族地区流行的直接原因之一（王晓丽、金箴，2008）。林卡、许芸（2011）对青少年艾滋病吸毒群体风险意识的研究，发现减少艾滋病感染的有效途径为性规范和生活态度教育；张河川、郭思智（2009）对云南省大学生艾滋病吸毒群体进行社区干预，获得较好成效。以上研究显示艾滋病吸毒群体呈现点多面广的趋势，需给予充分重视。

关于政策干预、宣传教育等方面的宏观研究，这方面的文献多强调对艾滋病吸毒群体应多方位加大宣传教育的力度、实施重拳出击、完善矫正体系等（谢天等，2019）。在理论建设方面，林卡、许芸（2011）认为目前国内对于吸毒和艾滋病的相关研究已经确立了一定的经验基础，正在形成一个独特的研究领域。陈桂荣（2011）对中国吸毒与艾滋病状况进行了伦理学视角的审思。

以往针对艾滋病合成毒品滥用者的研究大多基于单学科单向治疗，即通过环境作用于人们的认知、态度、行为，以建构健康行为为主要策略（王曙光，2008）。其中包括健康信念论、原因行为论、社会认知论、行为改变交流等一大批行为改变理论，成为主导艾滋病群体或药物滥用群体干预与预防的理论与策略的社会理念。但对于心理层面和社区或社会的融入方面关注较少。这些理论的非本土导向、建构式导向、自上而下导向、条件影响导向对了解艾滋病合成毒品滥用者的心理行为与社会特征具有一定的启发意义，但对该群体社会功能的恢复缺乏有效关注。

关于社会组织参与防治艾滋病的行动，这方面的研究相对较少，且总体看尚处于起步阶段。张宁、张治库（2014）调查了某社会组织"感染者同盟"参与防治艾滋病的行动，研究该组织的结构功能及如何运用组织资本参与防治艾滋病。其所关注的组织功能更多体现在作为一个缓释站和避风港，具体表现为基于从医生、父母、姊妹到其他患者的差序格局，重新建构人际关系。该文在对艾滋病吸毒群体予以增能、支持，帮助他们恢复家庭、社会功能方面尚缺乏有效的探索。

社会工作方法在吸毒领域的研究。社会工作运用于禁毒领域中，在应对毒品滥用者的干预策略上，区分了不同的层面，在预防毒品犯罪问题上发挥了至关重要的作用。从个人层面出发，范小琳等（2016）通过探究德宏州戒毒所中缅青少年新型毒品使用者艾滋病知识、态度、行为方面的差异，提出开展健康教育活动有利于培养良好的健康行为习惯。在家庭层面，范志海、李建英（2012）在回顾药物滥用问题的社会建构模式基础上，对青少年吸毒个案进行了深入分析，提出家庭需给予服务对象更多的理解和信任。在朋辈方面，黄腾美（2021）通过个案研究引导服务对象诉说人生经历，外化故事、解构故事、重构故事以及巩固故事等多阶段的介入，结合叙事治疗模式提出开展同伴教育和团体治疗。在社会方面，则是加强禁毒宣传教育等。上述研究为本文运用社会工作方法开展艾滋病合成毒品滥用者研究提供了借鉴和依据。

综上所述，以往研究大多侧重于艾滋病防治或毒品滥用者群体分析，多偏向从宏观的视角构建群体干预策略；社会工作在吸戒毒领域的研究偏向于理论化。本文的研究对象兼具艾滋病、合成毒品滥用者双重身份且两者具有关联性，本研究注重实务性、现实性意义，从禁毒社工个案研究的角度探索构建综融性干预策略，以提升该群体生活品质，恢复其社会功能。

（三）研究视角和方法

1. 理论视角

本文运用社会工作生态系统理论，从微观、中观、宏观三个层面探究艾滋病合成毒品滥用者的系统特征及需求。生态系统理论（Ecological Systems Theory）是在1970年兴起并得到发展的社会工作实践理论模式，融合了许多与社会工作相关的人与社会的理论要素。生态系统理论关注人与环境的互动，强调人类行为与社会系统各要素之间在环境中的相互作用，并且重视这种相互作用对人的影响。

2. 分析框架

艾滋病合成毒品滥用问题与社会文化、家庭情况、个体认知等多种因素相关，呈现复杂的特点。生态系统理论提供了一种综合性的研究视角。本文以半结构式访谈法收集研究资料，同时走访疾控中心医生、防艾志愿者等，通过他们间接了解该群体的特征。研究从微观、中观和宏观三个层面对其存在的困境予以分析，提出对策，基本思路和分析框架详见图1。

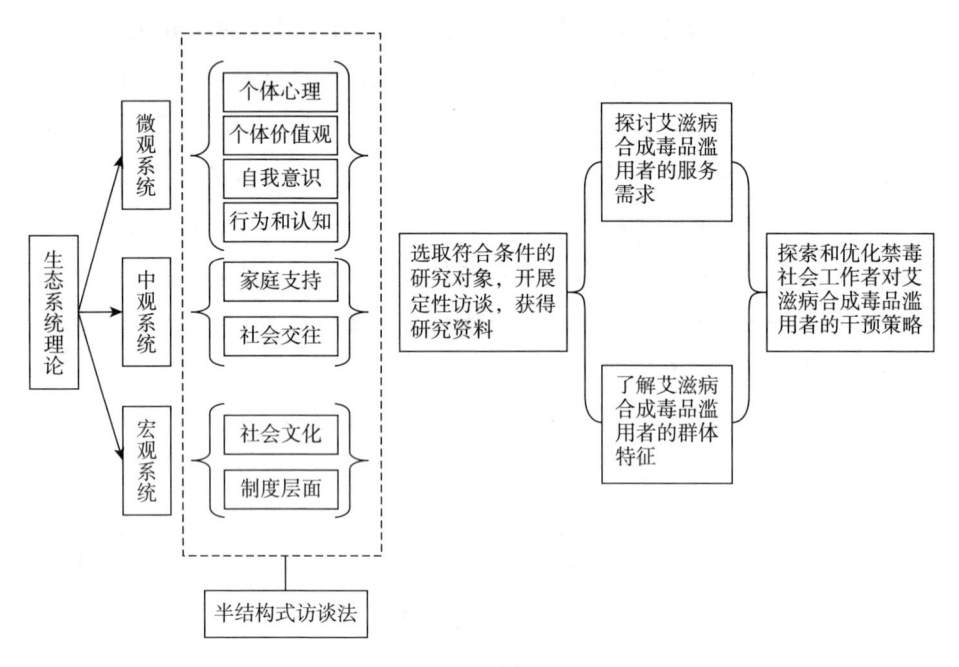

图1 研究框架

3. 研究方法

本文采用半结构式访谈法，以获取受访者的信息。由于艾滋病合成毒品滥用者对隐私保密要求高，访谈者在充分说明研究目的的情况下，以自愿参与的原则选择12个研究对象，他们在学历上涵盖了初中、高中和大学；吸毒的种类有单纯使用合成毒品冰毒、先吸食海洛因后转为冰毒以及多种合成毒品混用（冰毒、rush、0号胶囊）；年龄分布在20~60岁（见表1）。在对12个研究对象开展深入访谈的基础上，分析该群体在个体与环境层面所具有的生理、心理、社会、行为、认知特征。对社会工作者、医务工作人员、相关民警和机构进行走访，借鉴他们介入艾滋病人群的有效方法，探索并形成该群体的干预路径。

表1 艾滋病合成毒品滥用者样本基本信息

序号	编码	性别	年龄（岁）	吸毒种类	吸毒年限（年）	感染/确诊年限（年）	初吸/感染年龄（岁）	感染途径	最高学历	就业状况
1	A	男	30	冰毒 大麻	3	3	27/27	性传播	本科	就业
2	B	男	57	冰毒 海洛因 哌替啶	29	16	28/41	共用针头	高中	低保
3	C	男	58	冰毒 海洛因	22	8	36/50	性传播	初中	低保
4	D	男	44	冰毒	7	9	37/35	不详	大专	就业
5	E	男	42	冰毒	16	11	26/31	性传播	大专	就业
6	F	男	54	冰毒 rush	8	7	46/47	性传播	大专	就业
7	G	男	36	冰毒 0号胶囊	5	9	31/27	性传播	本科	无业
8	H	男	29	冰毒 摇头丸 K粉	9	7	20/22	性传播	本科	就业
9	I	男	40	冰毒 rush	9	4	31/36	性传播	本科	就业
10	J	男	37	冰毒	7	8	30/29	性传播	中专	就业
11	K	男	40	冰毒 rush	8	7	32/33	性传播	本科	就业
12	L	男	49	冰毒	12	10	37/39	性传播	高中	失业

二 艾滋病合成毒品滥用者特征及需求分析

（一）访谈对象基本情况分析

根据选题要求及被调研对象的参与意愿，在 HD 区选定了 12 人作为研究对象。他们感染原因各有不同，但途径较为集中，10 人均为因吸毒出现不可控性行为而感染 HIV，其中因"男男性行为"感染的为 7 人。从表 1 中可知，初吸年龄的分布较为聚集，10 人处于 26～37 岁；从最高学历和就业状况来看，11 人持有中专及以上学历，8 人就业、2 人低保、1 人失业、1 人无业。

在受访的 12 个研究对象中，8 人通过朋友介绍、自身努力等实现正常就业；2 人因年龄和学历问题享受最低生活保障，基本温饱有所保障；1 人目前失业，靠临时补助度日；1 人无业，但有存款并做投资，基本保障无碍。普遍来说，受访者们目前没有较大的经济压力，能够正常生活。

（二）艾滋病合成毒品滥用者的特征分析

1. 微观层面

在心理上，表现为恐惧、焦虑、否认；在行为上，则自我封闭、逃避；在价值观层面，则自我放弃，得过且过，缺少生活信心。毒品滥用、艾滋病和同性恋双重或者多重因素的叠加，更加剧了上述特征，增加了复吸的可能。

（1）恐惧、焦虑、否认、存在认知偏差

受社会情境和社会文化环境影响，多数艾滋病合成毒品滥用者出现认知偏差，认为自己低人一等，做出了错误的自我评价。具体表现在：患上艾滋病＝死亡。从调查资料看，多数艾滋病合成毒品滥用者确诊后的感觉是"想死"或者说"要死了"，这是其他毒品滥用者所没有的。对身体健康的不确定性、对疾病的恐惧感、感觉受到歧视以及可能面临的工作丢失、家庭关系的改变等，都使他们的生活、情绪跌入低谷，他们不能接纳也不愿意相信患病的事实，这对其生活和情绪造成极大的冲击，使其心灵承受巨大痛苦。

L：刚得知患病时，简直是晴天霹雳，不敢相信，心情沮丧到极点，觉得天都快塌了，可能没法活下去了，打0分。

H：一开始就是患病之前都是满分（10分），得知自己患病的时候，那时候感觉就哭了，就特别难过，感觉自己要死了，心灰意冷，很沮丧。

B：刚开始知道自己感染HIV的时候心情非常低落，感觉自己就要死了，也不想和别人说话，成天一个人胡思乱想。

通过观察发现，在提及这段经历时，被访者脸上浮现出痛苦、沮丧的表情，可见刚确诊的那段经历给其人生烙下很深的印迹。而通过个案访谈发现，随着时间的推移、对疾病有了更多理解和认识，心态会趋向平和，但很难恢复到患病前的水平。研究还发现，学历越高，活动范围越大（有海外生活经历），对艾滋病的认识越清晰，其对生活的满意度相对越高。也即对艾滋病知识了解得越多，就越能掌控生活，心态就越平和。

F是一位同性恋、艾滋病吸毒人员，年轻时在国外生活、工作，有从医经历。其认为只要不停止同性恋行为，迟早是要染上艾滋病的，他了解相关的病理知识，对患病有预期。所以在患病之前、确定患病时以及当前状态下，他的情绪基本保持不变，其认为生活中所改变的就是每天服用抗艾药。

可见情绪状态源于对自身疾病的认知和接纳程度。若改变了对疾病的认知，则可相应地改善情绪，提高生活质量。

（2）生活孤独、自我封闭、远离社交、害怕歧视

艾滋病合成毒品滥用者在行为上表现为减少社交、自我封闭、主动选择与社会隔离。与一般毒品滥用者相比，他们对外界存在高度的戒备心理和防范意识，害怕公开病情，害怕别人的歧视，确诊后不再与人交往（王晓丽、金箴，2008）。

L：现在已经很少和别人接触了，基本就是和父母交流，如果父母

知道我是艾滋病患者，我怕他们没法接受，也怕他们不理我，那就几乎没人和我说话了，没人说话，太孤独了。

J：人家曾约我出去，自己有点自卑，不想让别人知道自己的情况，不希望得到异样的眼光，最终没有出去。

G：很多片子里也有好几个一起玩的那种，这样是不是刺激一点，爽一点？因为心理比较孤单，我们这样的人还是比较孤单的，有时候连父母都不能讲，内心的空虚、寂寞、孤单就导致了你不停地找人陪伴。

通过对12个研究对象资料梳理发现，11人未婚（1人是同性同居），1人离婚。6人独居，其余的与父母同住，除1人（隐瞒了艾滋病病情）外，其余的与家人相处关系一般。从心理学上说，人人都有融入群体，与人沟通的需要。如果被群体排斥，就会感到深深的焦虑和不安（刘晓梅，2010）。他们无法在与家人、朋友的交往中，获得情感支持。生活孤独、寂寞，有时会通过网络社交平台来获得情感慰藉，寻找归属感。

（3）自我放弃，对生活缺少信心

在中国国情下，即使两情相悦，同性恋、艾滋病、毒品滥用者也很难成立家庭。没有婚姻的约束，爱情的新鲜感也难以持久，他们要么移情别恋于其他同性朋友，要么在家庭的压力下选择与异性结婚（可能是形婚）。

G：男女还有婚姻的约束，还有小孩的约束，但我们这种没有婚姻和小孩的约束，也没有法律的约束，财产也没有的，也就是说，经济上不绑定，这都是很客观的，导致关系都很不稳定。并不是每个人心里都期待稳定，有些人就是尝试找不同的，尝尝不同人的味道。

I：晚年住养老院，或者采取财产定向遗赠的方式，让年轻的gay为我养老。

婚姻的不确定、没有后代，是他们对未来的担忧。另外，免疫能力的逐渐降低、对自身疾病的不确定性、老年后的照顾问题等都加重了对未来的迷茫感。这就导致他们得过且过，对未来缺少规划，缺少对家庭和社会的责任，但也有个别人通过健身、养生、保养让当下的生活更有质量。

（4）吸毒、同性性行为与艾滋病交叉影响，戒毒困难

通过分析发现12个样本中有10人是先吸毒后感染HIV的，其中7人吸毒后发生男男性行为而感染。他们多数通过吸毒助"性"。使用合成毒品后产生性快感，极易发生无保护性行为，男男性行为形成了HIV传播的高危情境。

> H：如果没有溜冰的话，做（性交）的时间就没有很久。如果溜冰的话，可以做很久，会更加开心吧。

> J：一旦有吸毒行为了，那就可能意识混乱，不确定有没有戴避孕套了。

> J：同性恋HIV感染情况确实比一般群体的情况高出很多很多。我觉得如果不是玩毒品的人，HIV的感染情况应该不是特别高，但是一旦是有吸毒行为的，由于意识混乱，感染HIV的情况会特别特别高。

对上述资料进一步探析可以发现，首先，艾滋病合成毒品滥用者通过吸毒来助性。这是因为：一是当性伴提出溜冰行为时，碍于情面或者为表示对对方的忠心而难以拒绝；二是当事人之前溜冰助性的体验、及时享乐的思维都可促使其借助吸毒增强性过程的愉悦感。据被访者陈述，溜冰后有两种情况，即不使用安全套，或者溜冰延长了性行为，长时间的性行为导致安全套破损，这都加剧了艾滋病的传播。其次，艾滋病合成毒品滥用者戒毒难。被访者认为吸毒对自身的伤害，远远低于艾滋病对身心的冲击。其中及时行乐的思想、追求性生活的高峰体验，都降低了他们的戒毒动机。

> I：我认为强制戒毒是最好的最有效的。2017年我被抓是因为2015年朋友感染HIV未被处理，所以心怀侥幸。

从访谈看，他们希望公安部门加大对艾滋病合成毒品滥用者的惩处力度，认为如果不采取强制措施，他们很难戒毒。另外，他们更希望加大对贩毒者的查处力度，从源头上斩断毒品。

2. 中观层面

中观系统是指艾滋病合成毒品滥用者生活于其中的个人关系网络，主要包括家庭、朋友群体、机构和社区等。

（1）艾滋病合成毒品滥用者家庭支持不足

个人都从家庭获得经济、情感性支持。尽管遭遇患艾滋病、吸毒双重打击，但事实上，他们从家庭获得的支持有限。

研究发现，第一，在12个研究对象中，主要家庭成员对其吸毒行为的知晓率可达100%，这也源于因吸毒被公安机关查处时，需要通知其家人。他们觉得，家人"知道"其有吸毒行为，但仍未与其断绝关系就已经属于原谅、"接纳"他，而明确表示家人接纳并鼓励其戒毒的仅有3人。

第二，关于家人对其感染艾滋病的接纳程度，被访者在表述的过程中，使用了"只能接纳""逐渐接纳""不嫌弃""不支持也不排斥""只是冷漠"等短句，他们尽力隐瞒自身的感染情况，只有迫不得已时才选择向家人"出柜"。

第三，有同性恋倾向的艾滋病合成毒品滥用者人数为9人，其中双性恋有3人，他们都向家人隐瞒了同性恋行为。家庭对于吸毒、艾滋病、同性恋的接纳程度各有不同，这源于家庭对三者的认知水平。

> G：母亲知道我吸毒，家人都不知道我有这个"病"，我也有我的自尊和隐私。什么是秘密，就是到死都不会说出来，不会让任何人知道，不会让家人知道。

> C：（家人）开始十分气愤，不能接纳，随着时间的推移逐渐接纳。现在挺支持自己看病就医的，自己仅（享受）最低生活保障，医疗费的超出部分都是家人负担的。

> E：哪个父母能接受，就说你吸毒他要把房顶掀了，感染艾滋病他也要把房顶掀了，但是家里的话可能感染艾滋病是最能接受的，因为你已经是个病人了，我在医院里（看到）父母过来照顾小孩的，他也是要帮你去拿药，去挂号……把你接回去把你扛上楼。

从以上资料看出，他们多数选择向家人隐瞒，迫不得已的"出柜"可能给家庭带来巨大冲击,家人也会觉得很没面子,因而选择与亲朋、社会疏离。母亲从得知E吸毒、患病那刻起,就不让其上餐桌吃饭,碗筷与其分开,不让他使用亲戚、朋友家的卫生间,恐其传染。可知家人对艾滋病知识的缺乏、内心恐惧,导致他们从家庭获得的心理、情感性支持有限。

艾滋病吸毒人员的境遇,与其家庭成长环境有关。从历时的角度分析,被访者中一半以上的家庭存在家庭暴力、父母不和、父母强势等问题,他们感受不到家的温暖和亲情,在潜意识中产生了对婚姻、家庭的不信任。而吸毒并感染艾滋病后也很难从家庭中获得支持。父亲在E才半岁时,离婚重建家庭,其从小就憎恨父亲;而I从小遭受父亲对其和母亲的家庭暴力;G也从小目睹了父母吵架、离婚的场面,让他不再相信婚姻。

总之,研究对象对家庭支持的期望值很低。他们尽可能地向家人隐瞒吸毒、患病之事,即便家人知晓,也仅为其提供食宿、提醒吃药、住院期间的照顾等工具性支持,而情感性支持较少,这加剧了他们的愧疚感,降低了其自我认同。

(2)朋友圈缩减,社会交往受限

研究发现,这主要体现在以下三个方面。

第一,艾滋病合成毒品滥用者多数源于不恰当的社会交往。

> F:源自那个性伴,就是我交往的男朋友,后来才估计是他传染给我的,因为有一次,他莫名其妙地抱住了我,痛哭,可是问他为什么他不说,后来回想起来,估计是他感染的缘故。

> H:因为毒品,最开始用的是冰毒,然后跟人家发生那种关系,没有采取任何安全措施,就被他们传染了,就好像是那种恶意传播。

第二,与普通朋友的社交受限。由于身体疾病及自卑心理,他们选择与普通朋友疏离。即使与同事、同学和朋友还保持联系,也会隐瞒自身的吸毒、患艾滋病事实,唯恐朋友疏远他。朋友圈变得狭窄,朋友的支持功能减弱。他们不想与朋友交流,而只有与社会工作者、疾控中心工作人员相处时,才敢倾诉心声、寻求帮助。

L：（以前）朋友算蛮多的，后来吸毒了，被抓被强制隔离，和朋友联系就减少了。再后来知道自己是艾滋病患者，几乎和原来的同事、朋友都不来往了。

J：以前同事可以发展成朋友，下班之后吃饭、喝酒；但是现在得病了就有顾虑，就不想深入交流，就想上班的时候聊聊天，开开玩笑，聚餐就回绝掉。

K：我身边就像我的一个亲戚姐姐，当她知道我吸毒的事情以后，果断将我拉黑了。我觉得我个人在外资的单位中，他们都知道我的事情，但是告诉我只要不影响工作就没有问题。

第三，社交软件是常用的交友方式。社交软件具有双重作用。一方面，他们通过网络平台结识朋友、沾染毒品并感染了HIV；另一方面，他们又通过社交软件满足社会交往的需求。这是因为该群体在现实生活中不被大众认可，很少敢在大众面前展示其性取向、观点和生活状态，而各种社交软件因私密性好而成为其理想的社交方式。

H：第一次时不知道，就是在软件上面认识了一个人，他就问我嗨吗，我就问什么意思呀，他就说什么很爽呀之类的，然后我也不知道，我就去他家，然后我们就一起玩（冰毒）了。

G：（社交App）最大的收获是交友嘛，陪伴嘛，一个人本身就是很孤独的，就是相亲，我从来没有往"约炮"上去谈的，我还是走陪伴的这条路。

他们通过同志群、社交软件来"约炮"、结交朋友、了解治疗信息、咨询用药效果等。所有被访对象都加入一个或多个网络平台，这是他们有力的支持系统。在这里大家经历相同，互相能接纳理解，不存在歧视，可获得情感上的支持。

3. 宏观层面
（1）社会接纳度低，偏见和歧视依然存在

受中国文化和传统异性婚恋观的影响，同性恋不被主流社会所接纳，而艾滋病更像是洪水猛兽，吸毒被贴上没有人性的标签，社会对艾滋病合成毒品滥用者存在歧视，且这种态度在短期内很难改变。他们在就医、就业和政审方面遭受歧视，艾滋病患者就医被拒的例子不少见，多数人为了自我保护而选择隐瞒。

I：打新冠疫苗时，我告诉他们我感染了 HIV，结果不让打。我问 Tom（化名），他打了，他说不用说呀。在很多地方没有必要说自己感染了 HIV。其次，就是临时检查，因为我的毒品滥用者身份。

在亲友圈中，除了非常亲密的关系（通常是父母或伴侣），多数艾滋病合成毒品滥用者不会选择将病情公开。

G：当对方知道你是（吸毒人员、HIV 感染者、同性恋者）时就会有歧视存在，你还不能跟人家吵，吵了人家就会说你，并且拿这个戳你的脊梁骨。所以，除非必要，不然自己会选择保密，认为保密就是在保护自己。

L：因为怕别人发现这个事情（患有艾滋病），我搬迁到 JD 区（郊区）居住，户口仍旧放在 HD 区，我情愿每次配药时，特地从 JD 区跑到 HD 区传染病医院拿药。

他们的话值得深思。虽然大众对 HIV 感染者、吸毒人员和同性恋者的认知程度有了很大的提升，但歧视依然存在，包括最亲近的家人也是如此。

（2）法律、政策在保护艾滋病合成毒品滥用者方面不健全

《禁毒法》明确规定了吸毒人员在就业、就学方面不受歧视，《艾滋病防治条例》对艾滋病患者也有类似规定。我国也曾做出国际承诺，并通过多项法律和政策保障性少数群体在选举、劳动就业、教育等多个领域中的权益，从制度上保障该群体的合法权益。

法律法规仍需完善，法律的落实需要监督。目前，法律对艾滋病人群仍缺乏明确的保护。比如艾滋病合成毒品滥用者就医难，因为除了定点医

院,哪怕是普通的疾病也会被医院拒诊。[①] 北京佑安医院艾滋病防治专家张可说,相关条例中缺乏医疗单位推诿拒诊的具体惩戒措施,这是拒诊现象频出的原因。再比如对于泄露艾滋病患者信息的人员,法律条文比较笼统,现实中往往执行不力,这就需要更完善的法律条文。

综上所述,艾滋病合成毒品滥用者个体特征表现为:对病情的恐惧、焦虑、否认;社交上自我封闭,远离社会以对抗歧视;自我认同度较低,表现为自我放弃,对生活缺少信心;在行为上体现为吸毒圈、艾滋病圈交叉影响造成毒难戒、性高危情境增加。同时,该群体家庭支持、社会交往普遍不足,其通过社交网络、圈子文化以获得心理慰藉并形成特定的社群亚文化。在宏观层面,社会环境对该群体的接纳度低、较为歧视,法律、政策等对他们的保护存在不完善、落实不到位等情况。如图2所示。

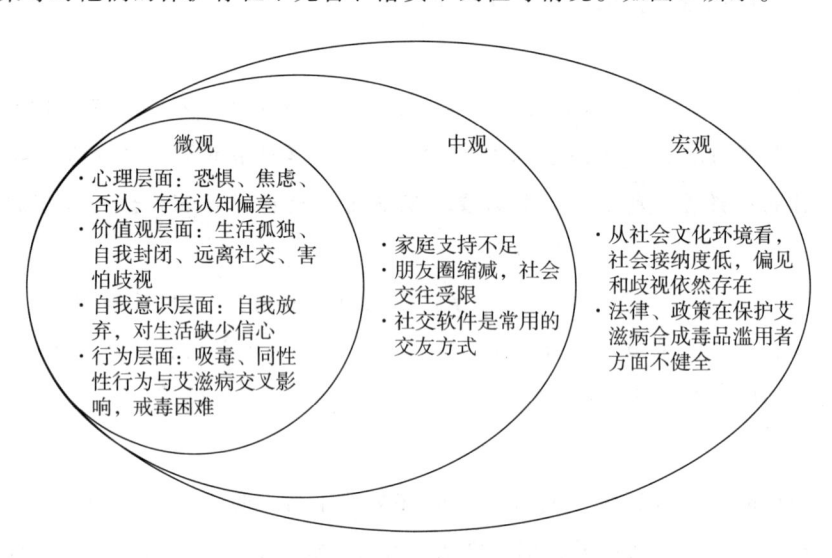

图 2 艾滋病合成毒品滥用者特征分析

(三) 艾滋病合成毒品滥用者的需求

进一步探究发现,该群体在现实生活中遭遇了诸多问题,也存在一定的需求。基于生态系统理论的观点,可以将需求做如下分类和分析。

---

① 《艾滋患者求医遭多家医院拒绝 主因是医生怕感染》,钱江晚报,2011年11月12日,http://news.cntv.cn/society/20111112/101729.shtml。

1. 微观系统

在此层面上包括自我意识、心理、行为等方面的需求。

（1）自我意识层面

访谈资料表明，研究对象需要接纳并认同自己的身份，建立对生活的信心，以及合理规划未来生活，实现自身价值等方面的需求较为明显。

> F：希望未来能撕下身上的角色标签。
>
> A：一开始很失落，心情非常差，会觉得没几年好活了，感觉在家混混就好。在志愿者（HIV感染者）的支持下，逐渐放松心态。后来去医院检查，配药吃药。在医生建议下，把肺炎治好之后再吃药，身体渐渐康复，虽然没有回到最好状态，但至少恢复了七八成，感觉就好起来了。

（2）心理层面

不少被访者渴望克服焦虑、自卑和恐惧心理。

> I：自己有时候会有一些负面情绪，也需要倾诉，需要社交来放松自己……因为毒品和HIV感染我度过了最灰暗的时期，我花了两年的时间调整我的心态……我还是希望能够恢复到以前的状态。
>
> E：我们这些人是不能得病的，得病后一般医院是不收的，也害怕别人知道自己得这个病，害怕别人看不起自己。希望社会大众可以多一些理解。
>
> K：另外，更希望得到政策法规上面的支持，比如DTG（艾滋病药物）方面的资讯。……其实自己很压抑，希望得到他们（家人、社工、朋友）的帮助，希望得到支持。

（3）行为层面

访谈中，也有被访者表示，毒难戒源自对毒品危害认知不全，以及无保护性行为导致感染艾滋病，因此，需要增加这方面的知识和教育。

L：以前没有这个保护意识，不知道吸毒后的性行为很容易感染 HIV，所以不会有什么保护行为。……还是希望多了解艾滋病方面的知识吧。

H：听说毒品有 100 多种，我也不知道哪些药里面含（毒品），有什么危害。希望多了解一些，还有关于吸毒方面最新的政策。

E：两个人都是携带者，大家还是需要采取安全措施，因为有其他方面的疾病，包括梅毒、尖锐湿疣。

2. 中观系统

在此层面，被访者表达了希冀获得家庭、同辈群体以及社会组织支持的诉求。

在家庭层面，研究对象多数独居生活，他们渴望家人的关爱，希望得到理解和尊重，期待家庭的支持。在同辈群体层面，期待与其他人建立感情的联系。

K：我期待同家人的关系改善。

A：……最大的收获就是可以认识很多志同道合、兴趣相投的人，可以多聊聊天，沟通一下，缓解一下心理压力，共同讨论一些同样领域的话题。

F：能够给予更多志愿服务、做义工的机会。

I：渴望一个真心相爱的爱人陪伴一生。

而对于工作单位及同事，则更希望能够保密和避免歧视。

D：都正常相处，同事也不知道他的身份，平时社交不会和同事有很深的交集，所以同事他们应该不会知道他的身份。

在社会组织方面，则期待提供更多的资源链接。

K：社工可以给我链接资源，和街道和派出所。……希望获得（社会工作者）支持，获得帮助，犹如救命稻草。

3. 宏观系统

在此层面上，被访者热切期望有宽松的社会环境及更多的政策保障。

（1）社会环境层面

被访者希望获得社会认同，增强社会归属感。他们期待社会营造接纳、宽容的环境，从更深远的角度看，他们希望社会消除歧视和偏见。

> K：我希望社会能给我们多一点宽容空间，能照顾到我们这些人的心理感受。另外，就是艾滋病，我希望的是得到更好的治疗，多一些相关的文献资料说明，或者心理治疗什么的。

> F：让我有一些机会可以参与社会，我觉得就是对我的帮助。

（2）制度政策层面

不少研究对象表述，既体现在加强法治建设以净化环境的需求，又希望制定更多的社会保障政策以提升该群体的生活质量。

> K：我觉得从一开始就应该严格，一开始社区戒毒的处罚，有的关两天，有的甚至都不关就放了，所以我觉得没有根本的思想上的触动，我觉得太松了。

> C：希望在经济补贴方面能够给予更多的支持，自己的经济基础很差，仅有最低生活保障，医疗费用还要靠家里人（姐姐和舅舅）的接济。

如上所述，该群体在微观、中观和宏观层面的需求有多方面表现，核心是：提高接纳和自我认同程度，加深对毒品危害的认知；期待家庭、朋辈的支持；通过去污名化，构建接纳的社会文化体系等。

三 艾滋病合成毒品滥用者的干预策略

研究发现，在患艾滋病、吸毒双重打击下，艾滋病合成毒品滥用者个人、生活环境都遭受重创，社会功能严重受损。比如因吸毒而被单位开除、遭受社会冷漠、就业范围狭窄等。如果要恢复其社会功能，应从人与环境的视角出发，既要通过社工开展有效的工作来改变其内在心理状态，引导其认识环境、理解环境，又要协助其改变周边的生态环境，改变其所生存的"栖息地"，达到与环境的和谐共处。

查尔斯·扎斯特罗把人的社会生态系统区分为三种基本类型（王燊成、杨子强，2018）：微观系统（Micro System）、中观系统（Mezzo System）、宏观系统（Macro System）。微观系统是指处在社会生态环境中看似单个的个人。个人既是一种生物的社会系统类型，又是一种社会的、心理的社会系统类型。中观系统是指小规模群体，包括家庭、职业群体或其他社会群体。宏观系统则是指比小规模群体更大一些的社会系统，包括文化、社区、机构和组织。基于上述理论，本文从微观、中观和宏观三个层面对艾滋病合成毒品滥用者的干预模式进行探索。

（一）微观层面：个案服务是促进艾滋病合成毒品滥用者改变的有效方式

部分禁毒社工在开展服务中存在认识不足。其认为帮助服务对象戒毒、开展禁毒预防教育、链接资源等是其主要职责范围，而对开展艾滋病干预则有所顾虑，这可能与社工对该类案例接触少、缺少相关服务经验、担心涉及隐私等因素有关，这样的服务尚显不足。

通过前文可知，该群体吸毒的原因与患艾滋病之间有很大的关联性。如果回避艾滋病问题而只谈戒毒，就不能触及问题的根本。所以，社工在开展个案服务时，有必要把患有艾滋病这一对其生命里程有重要影响的事件也纳入进来。

1. 建立信任的专业关系是开展艾滋病合成毒品滥用者服务的关键

调查发现，禁毒社工与该群体建立专业关系难度很大。这是因为社工作为社会成员之一，也会对艾滋病产生排斥心理，建立专业关系的主动性不足。艾滋病合成毒品滥用者比一般人更加空虚、孤独、敏感、自我封闭，他们很难相信别人。社工只有运用温暖、尊重的价值理念，通过真诚的眼神、温和的语气和关注的动作，接纳他们的艾滋病患者、合成毒品滥用者双重身份，才能获得他们的信任，才可能全面、真实地收集资料并为开展服务提供可能。

在建立专业关系过程中，社工要评估艾滋病合成毒品滥用者的风险因子，时常持有防护意识，随时警觉因职业暴露而可能给自身带来的伤害。当该群体中出现反社会倾向，如扬言伤害自己或他人等异常想法和行为时，要及时报告公安机关和上级部门，多部门开展综合干预。

2. 针对艾滋病合成毒品滥用者个体的介入路径

在建立专业关系的基础上，社工对艾滋病合成毒品滥用者的问题和需求进行评估，针对其群体特点，社工可从倾听和陪伴、改变认知、自我价值实现等角度予以介入，社工在服务中扮演着服务提供者、支持者的角色。

（1）最迫切的需求——倾听和陪伴

由上文可知，他们有社会交往和获得情感性支持的强烈需求，期待可信任的人能够倾听、陪伴他们。而社工的主动、真诚或者说职业特性正符合他们的要求，社工成为艾滋病合成毒品滥用者最紧密的支持系统。

从家庭的角度来看，患病不是个人的主观行为，而性取向是个人自主选择的结果，这是家人不能接受的，但具有专业能力和价值评判标准的社工能够接纳、理解他们的处境，通过倾听、陪伴帮助其缓解情绪，释放压力，社工的尊重与接纳增强了他们的自我认同。

（2）改变认知可提高生活品质

艾滋病合成毒品滥用者群体分两类，一类是正视患病事实，积极治疗、定时服药，病毒载量日趋减少，健康状况逐渐恢复，基本能回归到正常的生活轨道。从确诊到心理上接受患病的事实，一般需要两三年时间，如果社工能早期干预，可缩短其接受疾病的过程，减少痛苦的时段。另一类是逃避、否认患病的事实。拒绝服用抗艾药物，屏蔽与疾病相关的消息，以年轻患病者居多。这部分人群更需要社工、疾控中心医生及时干预，加深其对病理的认知。如若他们继续吸毒、采取无保护性行为，不仅对自身健康不利，还可能形成传播链条，危害到公共安全。所以，需从认知角度予以介入。

改变认知常用的方法有以下三种。第一，增加其对艾滋病知识的了解和认识，通过查阅资料、咨询医生等改变对疾病的认知；第二，打破固定思维，例如，性少数群体是另类，不被社会接受等，随着中西方文化的融合，社会正在以包容的态度逐步接受；第三，改变非理性信念，如认为自己患病没有前途，可引导其转变观念，艾滋病合成毒品滥用者也可实现自身价值，活出精彩，改消极的思维方式为积极的自我对话。

（3）激发改变动机、增加对未来的期望，可提升生活的意义感

艾滋病合成毒品滥用者受自身疾病因素、外界环境因素影响，戒毒、改变的愿望较弱，激发他们的内在动机，可提升其生活动力。

（4）戒毒可降低艾滋病的传播风险，提高其个人福祉

吸毒与患艾滋病存在正相关关系，《艾滋病防治条例》中多处提及吸毒。吸毒行为加剧艾滋病传播，20世纪80~90年代，吸食者多通过注射海洛因时共用针头传播；近年来因使用合成毒品而出现性兴奋、性冲动、性滥交行为增多，或者为表达对同性恋性伴的忠贞而应对方的要求吸毒、不使用安全套等，这都增加了艾滋病的传播风险。

加强对毒品、艾滋病的检测及预防教育可提升该群体的福祉。社工加大对毒品、艾滋病危害的宣传力度，控制毒品的传播；通过全球基金项目，对毒品滥用人员开展广泛的艾滋病筛查，早发现、早治疗。这对减少艾滋病的传播，提升该群体的生活质量很有必要。

（二）中观层面：探究构建艾滋病合成毒品滥用者群体的联动环境

社会生态系统视角下，个人行为受到家庭环境的影响，也受到诸如工作单位、朋辈群体和生活社区的影响。如果构建可接纳、温暖的环境将有利于他们康复。在这个过程中，社工发挥着关系协调者的作用。

1. 重构家庭支持系统，获得最直接的资源

传授家庭后续照管的技术。艾滋病合成毒品滥用者生活于家庭中，与家庭的联系最紧密，其问题的产生可能就源于其家庭的沟通方式。在其同意的情况下，社工可进入家庭，协调他们与家庭成员的矛盾，引导家人改变态度，改变沟通方式，发挥亲情的力量，提升家庭的照管能力。

多数情况下，社工介入家庭的空间受限。因为多数人向家人隐瞒了吸毒、患艾滋病的经历，社工依照伦理守则也会为其保守秘密，在这种信息不透明状态下，社工就很难进入家庭协助其获得家人的支持，即便知情的

家人也会认为是"丑事"而回避与社工谈论该话题。因此，社工可通过鼓励本人戒毒、保持健康、稳定工作来使其获得家人的接纳和支持。

2. 社交软件是艾滋病合成毒品滥用者群体获得情感性支持的重要媒介

该群体在现实生活中不被主流文化所认可，他们通过各种社交软件来结交朋友，获得情感性支持，社工可引导他们在使用社交软件的同时防止网络诈骗，提醒他们线下见面、约会要做好防护，比如安全套的使用等；告知对方患病事实，谨防恶意传播；保护好财、物的安全；坚决拒绝对方提供的毒品、助性药物等。

3. 开展同质小组，可提供更为安全的线下社交平台

（1）开展艾滋病合成毒品滥用者小组帮其获得朋辈支持

通过调查发现，多数艾滋病合成毒品滥用者有参加小组的意愿，他们希望得到同伴的倾听、理解和支持，社工提议用戴口罩、面具的形式做好隐私保护，制定小组规则，防止私下接触或者泄露他人信息。策划者要听取组员的需求，根据需求制定小组目标，可邀请疾控中心医生加入小组，从病理层面专业回应服务对象的健康需求。

（2）发挥朋辈群体的同伴教育作用

同伴教育在戒毒、艾滋病防治领域已被成功运用（费梅苹，2017），社工可引导他们在禁毒防艾宣传、同伴辅导方面发挥作用，如鼓励同伴去酒吧宣传禁毒、发放安全套，因为大家更喜欢听"过来人"的讲解，而有相同经历的同伴说服力更强、可信度更高。

（3）发展优秀的组员为禁毒志愿者，参与社区活动

艾滋病合成毒品滥用者有融入社区、实现自我价值的需求，社工可发掘组员参与社区禁毒宣传、爱心义卖、助老助残活动，以提升他们的融入意识、参与能力和自我价值感。社区给他们提供了实现自我的平台，他们也从社区中获取支持。HD区的部分艾滋病合成毒品滥用者参与了上述活动，自我评价良好。

4. 进行多机构合作，可实现资源共享，功能互补

目前，与艾滋病合成毒品滥用者联系密切的机构有以上海市自强社会服务总社为代表的禁毒社会组织、为艾滋病患者提供服务的青艾等机构、对艾滋病患者进行管理的各区疾控中心以及专门关押艾滋病吸毒人员的强

制隔离所某大队。它们在不同领域发挥着作用，如能够携手合作，将有助于艾滋病合成毒品滥用者的身体健康及功能恢复。

禁毒社工则通过区疾控中心整合到安全套，精准发放给艾滋病合成毒品滥用者，也可参加疾控中心开展的培训，弥补社工医药卫生知识方面的不足。医生在艾滋病合成毒品滥用者服药、康复及预防方面更具权威性，是非常有力的资源。

民警则可通过普法的形式，让他们知晓吸毒是违法行为、恶意传播艾滋病涉嫌犯罪。在跨机构合作方面，社工可以整合各类防艾组织为该群体提供用药咨询、健康培训和社会倡导等服务。

艾滋病合成毒品滥用者选择自我封闭。社工要在其重建社会支持网络的过程中发挥作用，首先，社工是其社会支持网络的重要成员；其次，还可鼓励他们改变认知，主动去构建、发掘社会支持网络；最后，社工通过整合资源，去扩充他们的社会支持网络，使其在各种团队中获得情感性支持。

（三）宏观层面：积极推动，改善外部大环境

1. 营造全民接纳的文化氛围

随着媒体对艾滋病群体的正面报道、海外文化的渗透、国际交流的增多，社会对该群体的接纳程度正在向好；社工通过开展禁毒、防艾、反歧视宣传，营造全民接纳的氛围，在国外反歧视运动取得显著成效的今天，我们要借鉴其成功经验并将其本土化，借助媒体消除公众对吸毒人员、艾滋病患者的恐惧和歧视（徐媛媛等，2010）。

另外，随着社会工作的发展与推广，社工持有并践行接纳、尊重、同理的价值理念，也将推动、影响、增强社会大众对毒品滥用者、性少数群体的接纳意识；在目前社会大众尚未理解的状态下，社工可引导艾滋病合成毒品滥用者理解社会的不接纳，做好隐私保护，调整好心态，追寻积极而有意义的生活。

2. 形成利于艾滋病合成毒品滥用者的舆情氛围

纵观几年来网络媒体的宣传，已经从艾滋病的妖魔化宣传转向呼吁社会大众对该群体的接纳和理解。比如 HD 区防艾宣传内容为"关爱艾滋病群

体""艾，不隔离爱"。而毒品滥用者也从遭人鄙弃的"吸毒鬼"转变成"违法者、受害者、病人"，上海电视台《禁毒视窗》栏目宣传的是毒品滥用者成功戒毒、回归家庭、回报社会的正能量，这些都有利于大众对该群体形成正向的认识，社工可把这些转变传递给艾滋病合成毒品滥用者，增强他们的亲社会意识。

禁毒社工除了利用6·26全民禁毒宣传月、12·1世界艾滋病日，开展大规模的禁毒防艾宣传外，还要针对高危场所比如酒吧、娱乐场所、"同志"群体聚会的场所等开展宣传；也可发展康复良好的同伴在其圈内开展宣传，向有需要的人群精准发放安全套。近年来，在校学生、在沪务工人员、老年男性群体也成为社工的重点关注对象。还要呼吁社会大众做好艾滋病筛查，尽早阻止艾滋病的蔓延和传播。

禁毒社工除了开展社区宣传外，也可通过微信、抖音开展网络宣传，营造接纳、包容的社区支持环境。

3. 法律法规与政策保障仍需完善

法律法规保障了艾滋病合成毒品滥用者的合法权益。如何把法律法规落到实处，切实保护艾滋病合成毒品滥用者的合法权益，仍需相关职能部门不懈努力，呼吁社会接纳该群体，共同推进公平友善的社区环境建设，真正构建消除社会歧视的社会关心体系。

禁毒社工需加强自身能力建设，从宏观层面参与相关政策法规的制定。禁毒社工正在被大众和主管部门接受并发挥倡导者的作用，但其社会地位仍旧不高，社工需有为有位，推动政策法规的修订与完善，为艾滋病合成毒品滥用者群体发声。

4. 增强各系统间的联结与互动

基于生态系统理论，微观、中观、宏观系统总是相互影响、相互作用。以此观察禁毒社会工作服务的各个领域，它们之间具有相互联动性和较高的配合度。由此，可以构筑一个艾滋病合成毒品滥用者生态系统介入策略模型（见图3）。

（1）宏观 - 中观层面

理解、接纳的社会文化氛围、正向的价值导向，可降低艾滋病合成毒品滥用者家庭的羞耻感，增加社区对艾滋病吸毒者的接纳与包容；社区、

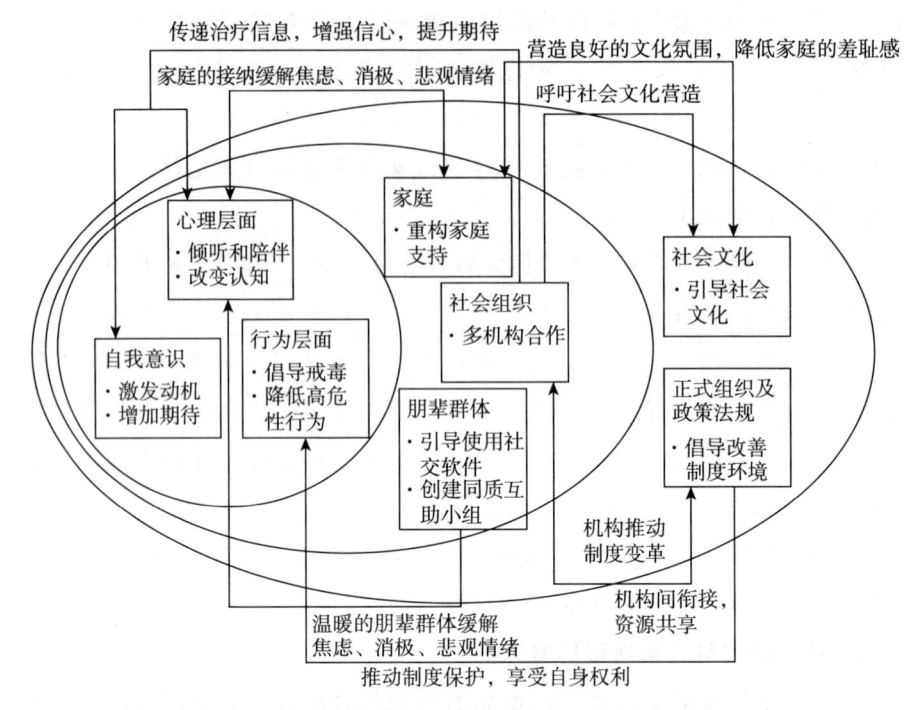

图 3　艾滋病合成毒品滥用者生态系统介入策略模型

机构和家庭的呼吁也可影响、推动相关文化、法律制度的变革。

(2) 宏观-微观层面

法律法规对艾滋病吸毒者的权益保护，有利于他们平等享受自身权益；社工可把媒体的正向报道、最新国际国内研究成果推送给艾滋病合成毒品滥用者，可增强其对未来生活的信心，感受社会、媒体、大众对他们的接纳、关注。

(3) 中观-微观层面

良好的社区氛围，接纳的家庭环境，温暖的朋辈群体，可缓解艾滋病合成毒品滥用者的焦虑、消极和悲观情绪，他们可在这样的社区、家庭和朋辈群体中汲取能量，得到滋养。

(4) 系统中的子系统相互影响

艾滋病合成毒品滥用者的生活和情绪状态可能受多层系统的影响，且各系统之间相互作用，例如，该群体的自我封闭既来源于家庭传统观念，也可能受到社会接纳度的直接影响，而家庭观念的形成亦受到社会文化的影响。生态系统视角为整合性介入提供了可能，社工通过介入各个子系统，协调各子系统之间的关系，协助该群体实现与环境的良性互动。

参考文献

陈桂荣，2011，《强制隔离戒毒人员艾滋病治疗权利保障的伦理审思——以云南为例》，《昆明理工大学学报》（社会科学版）第 5 期。

范小琳、韦涛、沈凌等，2016，《德宏州某戒毒所中缅青少年新型毒品使用者艾滋病知信行为对比》，《昆明医科大学学报》第 12 期。

范志海、李建英，2012，《青少年吸食合成毒品问题的社会学分析——基于上海市的个案调查》，《华东理工大学学报》（社会科学版）第 5 期。

费梅苹，2017，《本土化视野下社区戒毒康复社会工作服务研究——以上海同伴教育为例》，《华东理工大学学报》（社会科学版）第 1 期。

黄腾美，2021，《叙事疗法提升社区戒毒康复学员自我效能感的实务探索——以学员 M 为例》，硕士学位论文，甘肃政法大学。

林卡、许芸，2011，《青少年吸毒者对艾滋病风险的认知及行为状况研究——以江苏省调查为例》，《中国青年研究》第 1 期。

林卡、周伦，2010，《中国吸毒与艾滋病状况调查的综述和评论》，《社会工作》（理论研究）第 1 期下。

刘晓梅，2010，《HIV＋吸毒者的困境与出路——基于 T 市 7 个吸贩毒盗窃团伙的调查》，《青少年犯罪问题》第 5 期。

王燊成、杨子强，2018，《社会生态系统理论视角下城镇低收入青年劳动力就业现状、影响因素及对策研究》，《中国青年研究》第 8 期。

王曙光，2008，《艾滋病亚文化易感挑战社会建构理论》，《社会科学研究》第 4 期。

王晓丹、周昕雅、张晋铭、马速，2020，《男男性行为人群合成毒品滥用质性访谈调查》，《中国药物滥用防治杂志》第 2 期。

王晓丽、金箴，2008，《寄生在同一个链条上的两害——乌鲁木齐市贩毒、吸毒人群与艾滋病人群的相关研究》，《西北民族研究》第 4 期。

夏国美、杨秀石等，2009，《社会学视野下的新型毒品》，上海：上海社会科学院出版社。

谢天、黄玉玲、钟炳志等，2019，《新型毒品对吸毒人群性行为及 HIV 梅毒抗体检出率的影响》，《中国艾滋病性病》第 2 期。

徐媛媛、庄华、张鹏，2010，《广州市社区戒毒和社区康复中防艾研究》，《中国卫生事业管理》第 9 期。

姚佐薇、周健、朱焱等，2021，《2017—2019 年贵阳市吸毒人群 HCV 感染相关因素及 HIV、梅毒感染状况》，《中国感染控制杂志》第 7 期。

张河川、郭思智，2009，《云南省大学生性健康社区干预效果评价》，《中国学校卫生》第 1 期。

张宁、张治库，2014，《参与与行动：来自社会组织防治艾滋病的调查研究——以 L 市的一个 PLWHA 关爱组织为例》，《华东理工大学学报》（社会科学版）第 6 期。

朱传新、王园平、林冠恺等，2021，《2011—2020 年温州市吸毒人群梅毒流行趋势分析》，《预防医学》第 10 期。

Liu, Dianchang et al. 2017. "Sexually Transmitted Infection Prevalence and Related Risk Factors among Heterosexual Male Methamphetamine Users in China." *International Journal of STD & AIDS* 28 (12): 1208 – 1214.

Martin, Hoenigl et al. 2016. "Clear Links Between Starting Methamphetamine and Increasing Sexual Risk Behavior: A Cohort Study among Men Who Have Sex with Men." *Journal of Acquired Immune Deficiency Syndromes* 71 (5): 551 – 557.

【社会政策及相关议题研究】

社会组织何以能推动公共政策改善？

——Z市孤独症儿童随班就读"零拒绝"政策倡导案例分析[*]

纪文晓　韩　青[**]

摘　要　公共政策的制定关系到公共资源在公众中的调整和分配，制定科学合理的公共政策离不开公众和社会组织等主体的广泛参与。本研究以资源依赖理论为分析视角，以政策过程的五个基本阶段为框架分析Z市相关社会组织的倡导策略，探究了它们在不同阶段所依赖的外部资源。研究发现：政策议程阶段，社会组织借助问题源流、政策源流和政治源流的交汇点，扮演"政策企业家"的角色，打开政策窗口；政策规划阶段，依靠家长社群、融合教育专家等人力资源，通过对话、研讨、宣讲、调研等方式，提供可行政策方案，反馈意见和需求的策略，做好政策预热；政策决策阶段，依靠家长社群进行联名建议，推动政策决策；政策执行阶段，依靠诉求反映、温情礼物、媒体宣传、建议提案、社群赋能五种策略资源，依赖家长社群、党报记者、代表委员等

---

[*] 本文系河南省哲学社会科学规划项目（项目编号：2022BSH014）阶段性成果。研究得到河南省社会治理软科学研究基地、2019年河南省科技创新人才计划（2019-CX-015）和2021年河南省教育厅基础研究重大项目（2021-JCZD-30）支持。

[**] 纪文晓，河南师范大学副教授、硕士生导师、高级社会工作师，主要研究方向为儿童社会工作、社区治理等；韩青，残障义工网络发起人，主要研究方向为残障人士福利。

确保政策执行不走样；政策评估阶段，依赖学者、专业性社会组织的调研报告进行评估。整体呈现从资源依赖到能力建设的路径，以能力建设突破资源困境。政策前期尤其是政策议程阶段依赖的策略资源更为多样，人力资源更为多元，偏向于体制外渠道，强调资源依赖；中后期政策执行和政策评估阶段依赖的策略资源更为精准，人力资源更为集中，偏向于体制内渠道，建设性更强，而社会组织所代表的家长社群则需要自始至终地参与。政策倡导同盟建设有赖于社会组织的使命感。

关键词 社会组织 政策过程 资源依赖 融合教育 随班就读

近年来，社会组织在公共政策制定和运行过程中的作用日渐得到重视。有研究表明，社会组织参与公共政策，可以显著提升公共政策的科学性和民主性（霍海燕，2008）。然而，现实中绝大多数社会组织由于本身的能力和内部资源有限，加之参与渠道受限，很难有效参与到政策过程中来。因此，能否充分链接和动员外部资源，就成为社会组织能否影响政策的关键所在。

Z市是中西部地区省会城市中第一个出台孤独症儿童随班就读政策的城市。Z市社会组织推动本地孤独症儿童随班就读政策在2013年首次出台并在之后的10年中不断改进。这一政策的出台，让Z市8000名以上孤独症儿童有了平等接受义务教育的机会（张竞昳、侯海峰，2012）。政策出台之前，孤独症儿童一般留在家中由专人陪伴看护，或由家庭承担高昂的费用送到康复机构进行康复。随班就读政策出台之后，Z市孤独症儿童都能进入普通学校或特教学校接受教育，或接受送教上门服务[①]。

这些政策的出台和完善是在广泛链接和动员外部资源的基础上完成的。本研究以Z市社会组织参与孤独症儿童随班就读政策倡导为例，基于

[①] 送教上门服务，是指专为因身体等原因确实不能到校就读的重度残疾儿童少年提供的一种接受义务教育的服务模式；是在"零拒绝"和全纳教育思想影响下，开展特殊教育"个别化教育"的实施形式之一。

资源依赖的理论视角，以政策过程理论为框架分析社会组织参与政策依赖的不同策略和资源，为社会组织有效参与政策倡导和社会治理提供参考和借鉴。

一 文献综述与分析框架

（一）文献综述

1. 资源依赖

资源依赖理论最早源于20世纪40年代，马克思在《资本论》中关于劳动异化的观点为后来社会学家研究组织提供了核心概念。20世纪60年代开放系统理论[①]兴起，成为研究组织领域的重要理论，学者们使用该理论从个体、结构和生态等不同层次对组织与环境的关系进行研究。进入20世纪70年代，在组织和环境研究领域存在三大重要理论：资源依赖理论、种群生态学理论和制度理论。其中以杰弗里·菲佛和杰勒尔德·R.萨兰基克提出的资源依赖理论论述最为全面，作为开放系统理论的延伸和发展，该理论以其强大的生命力和适用性被广泛应用于组织与环境的关系之中，成为该领域的主要理论。

资源依赖理论认为，组织需要从环境中获取财政资源、人力资源、物质资源等，因此组织在很大程度上会对这些资源提供者形成依赖，这种依赖关系通常是互惠的。在此意义上，资源依托是该理论的特点。按照资源依赖理论，社会组织在生存发展和参与社会治理的过程中，必然要与社会环境互动，从相关方中获取各种资源，形成相互依赖，不断调整、适应和应对环境，依托各种资源来从事各种活动。社会组织的依赖程度取决于所需资源的重要性、相关方对资源的控制程度和资源的可替代性。

资源依赖理论是组织理论的重要分支，广泛运用于组织关系的研究当中。1978年，萨兰基克（Gerald Salancik）和菲佛（Jeffrey Pfeffer）在其经典之作《组织的外部控制——对组织资源依赖的分析》之中提出，任何社

---

① 开放系统理论，是指考虑输入、输出和状态的系统，开放系统理论解释了系统有关稳态、等终极性、有序性的增加等。

会组织均无法实现资源自我保障，必须关注组织间交换网络的重要性，通过与其他的组织交换获得生存和发展所依赖的关键资源，组织间就不可避免地形成依赖关系。资源的稀缺性和重要性决定了组织对环境的依赖程度（转引自马迎贤，2005）。

资源依赖理论有四点基本假设：第一，生存是组织最为关注的事情；第二，完全自给自足的组织是不存在的，组织要生存和发展需要从外部环境中获得所依赖的关键性资源；第三，组织通过和外部环境的互动以期获得所依赖的资源；第四，组织管理和控制与其他组织关系的能力是其生存的基础（Pfeffer and Salancik，1978：258）。

国内社会组织的生存发展常用到资源依赖理论的视角，并据此提出政策建议。徐家良认为第三部门所依赖的组织内部资源主要是人员、物力、财力、能力等，外部资源包括关系资源（与政府关系、市场关系、社会组织关系）、项目资源、政策资源等（徐家良，2012）。如果社会组织重要的生存资源（主要指资金和人力）严重依赖某一组织，那么会受到该组织的重要影响，形成由该组织所主导的运行模式（徐家良、刘春帅，2016）。姚迈新发现社区社会组织的共性是欠缺充裕的制度资源、基层行政支持性资源和社区志愿资源（姚迈新，2012）。

资源依赖理论可以用于对社会组织政策参与过程的分析，它强调一个组织需要通过与其他的组织交换获得生存和发展的关键资源。该理论有助于从系统角度梳理社会组织在参与政策时对外合作的脉络，看到不同的外部资源在不同政策阶段所发挥的不同作用。

2. 政策过程

政策科学起源于美国学者拉斯韦尔，1951年他在《政策科学：范围和方法的新近发展》一书中，把政策过程分为七个阶段：收集信息，提出方案，制定政策，政策生效，政策执行，政策终止，政策评估。这种把政策过程分解为一系列分立的阶段而形成的阶段序列被称为"政策循环"，也可以被称为政策过程的阶段论。目前在我国运用得比较广泛的是安德森的五阶段论：政策议程，政策规划，政策决策，政策执行，政策评估（张小明，2013）。

通俗来讲，"政策议程"解决"做什么"的问题，"政策规划"解决

"如何做"的问题,"政策决策"解决"何时做"的问题,"政策执行"解决"谁来做"的问题,"政策评估"解决"做怎样"的问题。而社会组织对政策过程的参与可以是全方位、全天候的,在每个阶段都可以发挥自己的作用。

(二)分析框架

传统的资源依赖视角,聚焦于组织长期生存和发展,而社会组织参与政策所依赖的外部资源与之存在显著不同,主要体现在对人力资源和策略资源的依赖上。

不同研究者对社会组织生存资源分类不同,有的将其分为资金、办公场所和物资、人才、政策、行政支持、社会、技能等资源(梁晏妮,2013),有的将其分为政策、资金、权力、符号等资源(刘超,2021),还有的将其分为资金、人才、办公场地和物资、项目和媒介等资源(史英博,2021),总之都是围绕生存,能在不受伤害或受到保护的政策前提下活下去,能有相应的项目资源可以获得收入,能有一定的人力资源、权力资源、关系资源、符号资源、媒介资源等把项目做好。

但政策倡导所依赖的短期资源与之不同。一方面是作为倡导联盟的人力资源依赖,包括社群资源、学者资源、媒体资源、公益律师资源、代表委员资源、社会组织资源等;另一方面是作为倡导方式的策略资源依赖,包括联名建议、申请政府信息公开、对话研讨、行为艺术、公益诉讼、人大建议或政协提案、违宪审查、投诉举报、调研报告等。韩青曾以盲人高考和残障社群争取考试合理便利为例,总结和分析了残障社群的政策倡导策略(韩青,2016)。

人力资源汇聚提供政策改变的合力,倡导策略提供支点,有了力量和支点,主导的社会组织才能撬动政策改变的杠杆。本文拟从政策议程、政策规划、政策决策、政策执行、政策评估这五个政策阶段分析社会组织在政策参与中分别依赖的策略资源和人力资源。比较不同政策阶段依赖的策略资源的不同,为社会组织有效参与政策倡导和社会治理提供参考和借鉴。

二 研究思路

关于社会组织如何参与公共政策，本文采取的是个案研究①策略，目的是通过特殊现象来解释普遍的道理，即通过分析 Z 市社会组织参与孤独症儿童随班就读"零拒绝"政策过程这一个案，来探究社会组织参与政策过程需要依赖的宏观合法性资源和微观的人力资源、策略资源。

研究的第一步是确定对象。选择 Z 市孤独症儿童随班就读政策案例，一方面是典型原则，社会组织参与政策往往集中于政策议程和政策规划阶段，而 Z 市社会组织的参与扩展到了包括政策决策、政策执行、政策评估在内的全部阶段。

当确定社会组织参与 Z 市孤独症儿童随班就读政策作为典型案例之后，就需要对参与该政策的典型社会组织进行筛选。为此作者广泛调研和联系了可能参与 Z 市融合教育政策制定的社会组织，并从中选择了 Q 幼儿园、J 中心、C 之家三家社会组织。Q 幼儿园、J 中心、C 之家都在民政局有注册，但当时并无用于推动政策的项目资源，算是社会组织的无项目资源类，C 之家作为家长社群，当时是典型的无正式注册无项目资源的社会组织。

Q 幼儿园作为融合教育政策的倡导者和执行者，创办人 CL 1996 年便决定开始招收特殊儿童，Q 幼儿园是 Z 市第一家招收特殊儿童的融合幼儿园，在幼儿融合教育领域积累了丰富经验，近年来还积极投身于全省幼儿融合教育的政策制定和培训支持当中。在 Z 市孤独症儿童入学政策上，Q 幼儿园不仅以亲身实践提供了有说服力的案例经验，还帮助家长群体联络了知名特教学者、外地社会组织负责人，在政策改变上起到了奠定和助推作用。同时，由于其较早开展融合教育，知名度高，经常开展家长群体活动，还孕育出 Z 市第一家家长组织 J 中心——J 中心发起人便曾是 Q 幼儿园翻译志愿者，后来为了创办机构辞去了大学教师职务。

J 中心成立于 2008 年，2012 年在 Z 市民政局注册。J 中心以服务心智障

---

① 个案研究，是指对某一个体、某一群体或某一组织在较长时间里连续进行调查，从而研究其行为发展变化的全过程。

碍儿童家庭为己任，障碍类型包括孤独症、唐氏综合征、脑瘫、发育迟缓等，经常开展倡导宣传活动和社会融合活动，注册会员有一千余人，其中孤独症儿童家庭占比为2/3。近年来常态化支持有入学需求的孤独症儿童家庭，为其提供入学经验分享、《残疾人权利公约》培训等服务，此外还支持全省的家长组织发展。在Z市孤独症儿童入学政策上，J中心发挥了平台和桥梁作用，积极开展家长群体支持活动，并帮助热心家长联系了公益律师。

C之家由多名心智障碍者家长于2008年共同发起，是一家以服务孤独症、智力发育迟缓、唐氏综合征、脑瘫等心智障碍者为主的社会组织，2017年在Z市EQ区注册为"H社工"，成立了Z市第一家支持心智障碍人士就业的T烘焙店。理事长是孤独症儿童妈妈，她为了孩子的教育曾接手了一家民办幼儿园，并将其改造为融合教育幼儿园。C之家的发起者们从2010年开始通过多种途径呼吁反映，到2013年，他们终于争取到了Z市教育部门对残障儿童在普通学校就读问题的重视，参与了Z市融合教育政策制定的相关环节，在Z市孤独症儿童入学政策制定上起到了核心作用。

研究的第二步是获取材料。由于本研究主要是对历史事件进行分析，所以采用了访谈法和文献法。访谈法主要用于对案例中的社会组织负责人和工作人员进行分析，访谈对象包括社会组织负责人和工作人员，信息如表1所示。

表1 Z市社会组织孤独症儿童随班就读政策参与访谈对象信息

访谈对象	角色	性别	访谈次数	访谈时长	访谈方式	材料编码
LCK	C之家负责人	女	2	6小时	电话、面谈	202104
ZYK	某学校负责人	男	1	2小时	面谈	202105
LSY	区教体局负责人	男	1	1小时	面谈	202106
LSJ	残障儿童家长	女	1	1小时	面谈	202107
XB	J中心负责人	女	1	3小时	面谈	202203
CL	Q幼儿园负责人	女	2	4小时	电话、面谈	202204

文献法应用于搜索国内关于社会组织和残疾人群体政策的法律法规、条例、报告、决定等官方文件，关于Z市孤独症儿童入学及相应社会组织努力的新闻报道及人物报道，来源包括：党的十八大以来党中央有关会议

通过的决定等文件以及政府工作报告、《民政事业发展统计公报》（2008~2021年）、《全国残疾人抽样调查主要数据公报》、媒体报道、社会组织官方微信公众号等。

研究的第三步是分析材料。因为本研究收集的均为质性材料，所以主要采取了择取要点、分类整理的方法，按照时间顺序，通过图表将Z市社会组织在参与孤独症儿童随班就读不同阶段的政策过程中所运用的人力资源、策略资源进行梳理，说明其对应的行动过程和倡导效果。

研究的第四步是撰写报告。本研究在撰写报告时采用了通行的论文模板，即问题提出、文献综述、研究思路、过程分析和结论讨论五个部分。但由于是质性研究，更多的是对实际发生的事件进行反思性重建，所以对社会组织参与政策过程的分析采取的是结构化方式，按照政策过程和资源依赖做了分类。

三　社会组织参与政策过程的人力资源依赖和策略资源依赖分析

按照安德森政策过程的五个基本阶段（政策议程、政策规划、政策决策、政策执行和政策评估）（张小明，2013），本文区分社会组织参与Z市孤独症儿童入学政策的历程，分析其在政策参与的微观层面所依赖的人力资源、策略资源以及所达到的效果。

（一）政策议程（2008年至2013年5月）

政策议程指的是摆在政府面前的一个问题清单，扮演着"守门人"和"领航员"的角色（刘伟、黄健荣，2008）。社会组织参与政策议程是指通过各种资源的汇聚和撬动，使政府相关部门重视问题的存在并提上解决日程。Z市社会组织在政策议程阶段采取了五种支点式的倡导策略，通过多种渠道反映孤独症儿童家长群体的诉求。这一阶段它们所依赖的策略资源有联名建议、关键拜访、反映诉求、媒体内参、信息公开等五种方式，所依赖的人力资源有家长社群、热心记者、公益律师、融合教育专家等。如表2所示。

表2　社会组织政策参与资源依赖列表（政策议程阶段）

编号	策略资源	过程简述	人力资源	使用时间	取得效果
1	联名建议	家长通过网络信访平台或平信邮寄方式向职能部门（教育局、残联、民政局）反映情况，Z市孤独症儿童处于事实失学状态，2013年形成建议书	热心的家长社群，Q幼儿园（专业人士）	2010~2013年秋季入学季前	引起相关部门注意，但无正式反馈
2	关键拜访	选出一位口才较好的家长代表与Z市教育局局长面谈	关键家长（知名中学教师，和局长相识）	2012年春	教育局局长注意到家长诉求，但只解决了该家长代表孩子的入学问题，使其上了特校
3	反映诉求	组成家长小组，去Z市教育局反映诉求，持续一月，并在局长接待日向其介绍国内外融合教育的实践经验和问卷调查建议书	热心的家长社群	2013年5月	Z市教育局重视，但基本在服务大厅接待，局长听取了建议但无当场回馈
4	媒体内参	将孤独症儿童失学状况、家长诉求和国内外相关经验写成内参，呈交Z市领导	热心记者（家长）	2013年春	Z市市长批示
5	信息公开	在律师指导下，向Z市教育局和各区教体局申请特殊教育经费使用状况的政府信息公开，并以此作为新闻线索提交Z市当地媒体记者	公益律师及媒体记者	2013年5月	多家媒体报道，教育局主动与社会组织和家长代表联系，商议如何解决

从表2五种方式来看，Z市孤独症儿童入学提上政策议程是在使用了"信息公开"策略之后，让Z市教育局不得不面对这一诉求，社会组织也第一次获得了来自政府部门的主动沟通。正如C之家的LCK在访谈中说到的"要讲究方法，可以申请政府信息公开，这招是非常那个（厉害）的。后来我们给每个区教育局都发政府信息公开信，家长联名签字的，请你告诉我，

特殊教育经费怎么花的"①。

当然，其他倡导策略也起到了各自的作用，展示了家长群体的决心和能力，通过翔实可行的政策建议让相关部门看到融合教育的美丽图景。在倡导的过程中，各种外部人力资源会不断汇聚，这些人力资源又提供了新的策略资源，"其实最早融合理念，是受Q幼儿园CL老师的影响，非常感谢她，包括我们写的建议书诉求信，Q幼儿园给了很多合理化建议。我们向政府递的那个内参，也请Q幼儿园帮我们看过，因为他们在这方面很专业，他们知道怎么去做。我们发的帖子被中国网的一个记者看到了，那个记者就采访我们。后来他就给我们引荐了一个律师。你看，在做事情的过程中，你会发现很多资源啦，或者说支持就来了"②。

在政策议程阶段，金登的多源流模型③可以解释一项政策是如何被提上政府议事日程的。该模型最早见于1984年出版的《议程、备选方案与公共政策》一书，确认了参与者据以影响政策议程和备选方案的三种源流，即问题源流、政策源流和政治源流。当问题、政策和政治三大源流发展成熟并相互交汇时，某一问题被提上政策议程的机会就会增加，"政策窗口"就会打开（张小明，2013）。在金登看来，推动三大源流汇合的力量来源于"政策企业家"④，而在Z市孤独症儿童随班就读问题上，社会组织起到"政策企业家"作用。

从金登的多源流模型来看，2013年是一个关键的节点，问题源流、政策源流和政治源流开始汇聚。在政治层面上，2008年中国政府签署的《残疾人权利公约》明确提到保障残疾儿童的受教育权。相关残疾领域法规开始修订，Z市市长随即对孤独症儿童随班就读做了批示。在政策层面上，

---

① 2021年4月居民LCK访谈记录。
② 2021年4月居民LCK访谈记录。
③ 多源流模型是指由约翰·W.金登提出的建立在问题源流、政策源流、政治源流三种信息流的基础上，以研究模糊状态下公共政策的制定过程为目标，为探索当代公共决策的规律、提高决策的有效性提供新的思路和方法的政策过程理论。该模型主要由垃圾桶模型、政策窗模型和多源流决策分析理论的扩展与修正三部分组成。该模型主要是解释组织决策制定过程，而金登将其运用到国家政策层面进行分析，有利于人们对政策制定动态本质的了解。
④ 政策企业家，是政策过程中的个人或者团体，是政策创新的关键变量，他们就某些问题提出具体的政策建议和方案，建立自己的政策联盟和开展相应的政策活动，并愿意投入人力、物力、财力等资源以及他们的社会和政治资本，以将自身的政策偏好和理念纳入政府方案中，推动政策创新。

2011年4月，教育部对《残疾人随班就读工作管理办法（试行）》修订后形成了《残疾人随班就读工作管理办法》（2011年修订），孤独症儿童入学得到政策上的肯定。在问题层面上，《残疾人权利公约》理念的传播也促进了家长权利意识的提升，孤独症儿童无学可上的问题日益凸显，经过Z市社会组织的努力，"政策之窗"正式开启。正如J中心负责人XB感慨，"那个时候各种事都交集在一起了，要不然不会这么快实现"①。

（二）政策规划（2013年5~6月）

政策规划指的是设计出一套政治上可接受、行政上可实行和技术上可操作的政策方案或问题解决方案（叶托、薛琬烨，2019），其基本内容是方案设计、方案比较和方案择优（王春城、赵小兰，2015）。

Z市社会组织在政策规划阶段采取了四种倡导策略，一方面提供一些可行政策方案，或作为相关利益群体反馈意见和需求；另一方面传播残障平等理念，做好政策预热。该阶段它们所依赖的策略资源有对话、研讨、宣讲、调研等四种方式，所依赖的人力资源有家长社群、融合教育专家等。如表3所示。

表3 社会组织政策参与资源依赖列表（政策规划阶段）

编号	策略资源	过程简述	人力资源	使用时间	取得效果
1	对话	Z市教育局在2013年5月开始着手进行融合教育的政策规划，约见了C之家家长代表并回访了C之家	家长社群	2013年5月	了解残障儿童群体的教育需求和目的，听取了家长的意见建议
2	研讨	2013年5月，C之家举办"关注残障者权利，创建融合环境"的公益论坛，邀请了Z市教育局、民政局、所在区残联和妇联等部门、部分学校和媒体参加	特殊教育专家许家成，Q幼儿园CL	2013年5月	分享了融合教育的理念和实践，媒体做了采访报道，家长群体统一着装，进行了宣誓仪式，达成政策共识

---

① 2022年3月J中心负责人XB访谈记录。

续表

编号	策略资源	过程简述	人力资源	使用时间	取得效果
3	宣讲	C之家和Z市部分区教体局合作，针对区教体局主管领导、中小学校长和老师开展《残疾人权利公约》和融合教育理念的宣讲，组织实施了"同心通行，融合共赢"的融合教育通识培训	相关专业人士和家长代表	2013年6月	提升了教育部门相关人员对残疾人受教育权和融合教育的认识
4	调研	Z市教育局前往具有代表性的幼儿园和中小学对残疾儿童的学习需求和现实条件进行调研，并组织下属区教体局征求实施融合教育政策的意见建议	Q幼儿园等融合幼儿园	2013年6月	在经过设计、分析和论证环节后，Z市教育局计划在普通小学内对中轻度残障儿童实施融合教育政策

政策规划具有专业性，社会组织需要专家的助力，也需要其他融合教育先进地区家长组织的助力。Q幼儿园在此发挥了助推作用。例如，"政策是一批家长在推的，反正我们就帮他们起稿。有的家长可以写内参，但不了解融合教育，我们就帮忙提供一些文件。广州家长组织扬爱也给了很多支持。他们的理事长来Z市，我听一位校长说了，赶紧过去和她见面，把Z市的情况和她讲了。人家特别热心，从那以后一直在支持Z市的家长。所有的文件，所有的倡导策略，完全给到这边。我正好认识一些专家，家长研讨会愿意自费邀请专家，我请来了北京联合大学的许家成教授"[1]。

（三）政策决策（2013年7月）

当不同政策方案摆在面前时，就需要做出抉择了，这就是政策决策阶段。在国内，政策决策绝大多数由政治精英拍板，从不同的政策方案中做

---

[1] 2022年4月Q幼儿园负责人CL访谈记录。

出抉择。社会组织能参与的比较有限,不过,在 Z 市孤独症儿童随班就读政策决策上,社会组织还是采取了倡导策略,推动尽快决策。这一阶段它们所依赖的策略资源是联名建议,人力资源是家长社群。如表 4 所示。

表 4　社会组织政策参与资源依赖列表（政策决策阶段）

编号	策略资源	过程简述	人力资源	使用时间	取得效果
1	联名建议	C 之家反映残障儿童进入普通学校就读的迫切要求,也通过 Z 市官方网络问政平台再次发声	家长社群	2013 年 6 月底	招生在即,让 Z 市教育部门看到政策出台的紧迫性

2013 年 7 月,在 Z 市小学入学工作会议上研究并同意了残疾儿童的随班就读工作。7 月 17 日印发文件,专门增加了残疾儿童入学的意见:"各区、各小学在组织适龄儿童入学时,一定要依法做好三类残疾儿童少年的入学工作,尤其要做好残疾儿童随班就读工作。孤独症儿童是一个特殊的群体,需要给予特殊的关注和关爱。自 2013 年秋季开始,各区要结合实际,制定具体方案,采取有效措施,妥善安排好孤独症儿童的随班就读工作。各区教体局要在 8 月 15 日前,将孤独症儿童随班就读工作方案报市教育局。"

从政策文本来看,Z 市的随班就读政策采取的就是"就近入学"方案,没有开展先期试点,也没有集中入学的要求,而是强调了"零拒绝"。

至此,Z 市融合教育政策决策完成,自 2013 年开始,Z 市许多符合条件的残疾儿童都顺利地进入了普通学校就读。两位访谈人的回顾也印证了这一点。访谈人 CL 说:"我们幼儿园每年有 16 个特殊孩子毕业,其中 8 名左右是孤独症儿童,2013 年之后他们入学都很顺利。2013 年之前也有部分学校接收,比如 G 区实验小学,但不是从权利的角度。就现在来看,G 区八九所学校都在接收孤独症孩子,有三四所小学都做得很不错。"[1] 另一位访谈人 XB 说:"我们这边的孤独症孩子每年有五六十人,现在入学都没有

---

[1] 2022 年 4 月 Q 幼儿园负责人 CL 访谈记录。

什么问题。"①

(四) 政策执行 (2013 年 8 月至 2022 年 4 月)

政策执行阶段在政策科学领域曾长期被人忽视，直到 1973 年普瑞斯曼和维尔达夫斯基出版了《执行：华盛顿的伟大期望是如何在奥克兰破灭的》，政策执行研究才得以成为"宠儿"，目前已经有了个案分析、模型探究和理论构建三代研究（丁煌、定明捷，2010）。美国学者艾莉森认为，在实现政策目标的过程中，方案确定的功能只占 10%，而其余 90% 取决于有效的执行（周志忍、蒋敏娟，2013）。很多愿景美好的政策容易在执行中走样，随班就读政策也是如此，在支持不足的情况下容易变成"随班混读"或"随班就座"。

面对孤独症儿童随班就读政策执行中出现的问题，社会组织也采取了倡导策略，一方面促进政策的真正落实，另一方面为政策落实争取更多的资源。这一阶段它们所依赖的策略资源有诉求反映、温情礼物、媒体宣传、建议提案、社群赋能②五种方式，所依赖的人力资源有家长社群、党报记者、代表委员等。如表 5 所示。

表 5 社会组织政策参与资源依赖列表（政策执行阶段）

编号	策略资源	过程简述	人力资源	使用时间	取得效果
1	诉求反映	材料 7：有所私立学校，要赶他孩子走。他孩子情况还好，不过还是会有一些困扰。他找到我，我就说你去找教育局来反映一下。他反映以后，马上教育局电话就打到学校去了（XB，202203#25M）	家长社群	2014～2021 年	问题解决

---

① 2022 年 3 月 J 中心负责人 XB 访谈记录。
② 社群赋能，本文中是指为家长讲解融合教育的理念方法，提前预备孩子入学的技能，不让家长太过焦虑。

续表

编号	策略资源	过程简述	人力资源	使用时间	取得效果
2	温情礼物	材料8：每到逢年过节的时候，我们家长会给教育局领导、学校老师发一些孩子的感谢视频，或孩子制作的礼物，或家长赠送的锦旗（XB，202203#27M）	家长社群	2013~2021年	温情联结
3	媒体宣传	材料9：通过媒体发布Z市随班就读、融合教育的正面报道（XB，202203#35M）	党报记者	2018年、2021年	Z市日报发布，让相关学校、教师获得激励
4	建议提案	材料10：每年都会通过人大代表、政协委员反馈一些建议，和关注融合教育的代表委员取得了长期联系（XB，202203#42M）	代表委员	2014~2021年	迫使教育部门重视，获得正式的公开回复，了解相关进展
5	社群赋能	材料11：每年都会有入学小组，孩子快入学前家长很焦虑，我们会帮家长预备孩子入学的技能，讲解融合教育理念，也会讲我们的抗争历史（XB，202203#56M）	家长社群	2014~2021年，3月到8月	家长会按区分组，找各区教体局反映自己的一些诉求

在政策执行阶段，需要从利益视角对执行主体进行分析，社会组织可以参与或建立对政策执行主体的正向激励或负向激励。在上述倡导策略中，诉求反映、建议提案属于负向激励，而温情礼物、媒体宣传属于正向激励，社群赋能则让家长群体在了解残障平等权利的基础上，了解并在必要时使用这些政策倡导策略。

（五）政策评估（全过程）

广义的"政策评估"包括政策的事前评估、执行评估、事后评估三种类型，而狭义的"政策评估"则专指事后评估（王瑞祥，2003），本文取狭义解释。社会组织的参与，一方面在全国性的政策评估中，可以作为目标群体、相关利益群体积极补位；另一方面由于地方政府主导的公共政策很少有严谨的评估（和经纬，2008），社会组织可以自主评估，并进行"以评估为基础"的倡导。

Z市自2013年发布孤独症儿童随班就读政策之后，相关政策细节几经修订，政策方案逐步趋于完善。

根据公开资料，Z市孤独症儿童随班就读政策经历了如下变迁（见表6）。

表6　Z市孤独症儿童随班就读政策变迁（2011~2021年）

年份	文件名称	政策要点
2011	《关于做好Z市市区2011年小学入学工作的通知》	（四）各区、各小学在组织适龄儿童入学时，一定要依法做好三类残疾儿童少年的入学工作，尤其要做好残疾儿童随班就读工作。（注：三类残疾儿童不包括孤独症）
2013	《关于做好Z市市区2013年小学入学工作的通知》	通知中明确，孤独症儿童是一个特殊的群体，需要给予特殊的关注和关爱。各区教体局要在8月15日前，将孤独症儿童随班就读工作方案报市教育局
2014	《关于做好Z市市区2014年小学入学工作的通知》	市教育局要求各区设立融合教育试点学校
2015（2016年类似）	《关于做好Z市市区2015年小学入学工作的通知》	各区、各小学在组织适龄儿童入学时，一定要做好残疾儿童少年的入学工作，尤其要做好残疾儿童随班就读工作。在妥善安排好孤独症儿童的随班就读工作同时，各区教体局要进一步做好孤独症资源教室建设和师资队伍的引进，积极推进残疾儿童随班就读工作
2018（2019年类似）	《关于做好Z市市区2018年小学入学工作的通知》	各区、各小学在组织适龄儿童入学时，要按照《H省教育厅H省残疾人联合会关于做好残疾儿童少年义务教育招生入学工作的通知》精神，做好入学前登记，落实"一人一案"，做到"全覆盖、零拒绝"，依法做好残疾儿童少年的入学安置工作，尤其要做好残疾儿童随班就读和送教上门工作。同时，各区教育局要进一步做好资源教室建设和师资队伍的引进，积极推进残疾儿童接受义务教育的工作

续表

年份	文件名称	政策要点
2020（2021年类似）	《Z市市区2020年义务教育阶段学校招生入学工作实施意见》	会同当地残联，认真摸清适龄残疾儿童（包括孤独症儿童）底数，"一人一案"进行分类安置，并全部纳入中小学生学籍管理。大力推进融合教育，优先采用普通学校随班就读的方式，相对就近安排轻度适龄残疾儿童少年接受义务教育；中、重度残疾儿童安排至特殊教育学校就读；对需要专人护理、不能到学校就读的实施送教上门服务，采取多种方式保障其接受义务教育。对于入学安置有争议的，由区教育局牵头组织残疾人教育专家委员会，对其接受义务教育的能力进行评估认定，提出入学安置意见，明确适龄残疾儿童少年接受义务教育的方式和具体就读（送教）学校

总体来看，2013~2014年是政策的摸索阶段，从要求各区制定方案到明确建立试点学校，孤独症儿童入学问题首次在政策文本中明确提出；2015~2019年是政策的落实阶段，强调资源教室建设和师资队伍的引进；2020~2021年则是政策的完善阶段，要求摸清底数，一人一案，分类安置，并由残疾人教育专家委员会负责能力评估认定，在政策文本的完善程度上已经向北京、上海等融合教育先进地区看齐。

不过，政策评估不只限于政策文本，更重要的是对政策效果的评估。在"中国知网"上查询，截至2022年4月1日，关于Z市随班就读政策的研究仅有一篇文章。郭雅囡对Z市学龄特殊儿童的研究发现，2014~2016年，Z市学龄特殊儿童将近74%选择在专设的特殊教育学校就读，24%的学龄特殊儿童进入所在学区的普通小学特殊专设班就读，2%的学龄特殊儿童失学，与2014年之前约8%的学龄特殊儿童失学相比，有非常大的提升（郭雅囡，2016）。但特殊儿童义务教育入学率的提升和孤独症儿童随班就读政策的实施是否存在关系，存在何种关系，都需要进一步研究确认。

通过访谈发现，参与孤独症儿童随班就读的社会组织目前尚未发布对政策效果的评估报告，与包括本文作者在内的学者合作，也是社会组织参与政策评估的一种方式。由此来看，社会组织参与政策评估所依赖策略资源主要是调研报告，所依赖的人力资源包括家长社群、专业性社会组织及学者。如表7所示。

表 7 社会组织政策参与资源依赖列表（政策评估阶段）

编号	策略资源	过程简述	人力资源	使用时间	取得效果
1	调研报告	材料12：参与过融合中国组织的孤独症儿童融合教育调研报告（XB）	家长社群、专业性社会组织、学者	2014~2021年	尚无专门的评估报告发布

从社会组织参与 Z 市孤独症儿童随班就读政策过程来看，社会组织对政策过程的参与可以是全方位、全天候的，在每个阶段都可以发挥自己的作用，而它们每个阶段所依赖的策略资源和人力资源又都有所不同。

在前期的政策议程、政策规划和政策决策阶段，社会组织所需的策略资源有联名建议、反映诉求、媒体内参、信息公开、研讨等方式，聚合了记者、律师、专家、有经验的外地家长组织等外部人力资源，在中期的政策执行阶段，所依赖的策略资源有诉求反映、温情礼物、媒体宣传、建议提案等方式，外部人力资源则有党报记者、代表委员等，在后期的政策评估阶段，所依赖的策略资源是调研报告，需要的是专业性社会组织、学者等外部人力资源。

李占乐认为，公民社会参与政策的渠道可以分为人大/政协、行政机关、公共舆论、个人接触和司法裁决五种。其中，公共舆论、个人接触和司法裁决基本上属于体制外、非制度化的参与渠道，而通过接触人大/政协、行政机关来影响政策是体制内渠道（李占乐，2011）。从社会组织参与 Z 市孤独症儿童随班就读政策来看，它们在政策参与前期更多的是通过体制外渠道，其中，反映诉求、关键拜访属于个人接触，申请政府信息公开属于司法裁决，因为对公开信息不满可以提起行政诉讼，而联名建议、媒体内参则属于公共舆论，到了中期政策执行阶段更多的是通过体制内渠道，如诉求反映属于与行政机关的接触，建议提案属于与人大/政协的接触，通过党报进行的宣传报道也属于体制内的表彰，后期社会组织形成的政策评估报告也需要提交给行政机关及人大/政协，同时进行媒体报道，形成以体制内渠道为主、体制外渠道为辅的政策参与。

四 结语

借助于资源依赖视角和政策过程框架，对Z市社会组织参与孤独症儿童随班就读政策过程研究之后，可以得到以下结论。

第一，社会组织推动公共政策的改善整体呈现从资源依赖到能力建设的路径，以能力建设突破资源困境。政策议程阶段，社会组织借助问题源流、政策源流和政治源流的交汇点，扮演"政策企业家"的角色，打开政策窗口；政策规划阶段，依靠家长社群、融合教育专家等人力资源，通过对话、研讨、宣讲、调研等方式，提供可行政策方案、反馈意见和需求的策略，做好政策预热；政策决策阶段，依靠家长社群进行联名建议，推动政策决策；政策执行阶段，依靠诉求反映、温情礼物、媒体宣传、建议提案、社群赋能五种策略资源，依赖家长社群、党报记者、代表委员等确保政策执行不走样；政策评估阶段，依赖专业性社会组织、学者的调研报告进行评估。

第二，社会组织参与政策所依赖的各种资源与其长期生存发展所依赖的各种资源存在显著的不同，体现在对外界的人力资源和策略资源的依赖上。总体来看，政策前期尤其是政策议程阶段依赖的策略资源更为多样，人力资源更为多元，偏向于体制外渠道；中后期如政策执行和政策评估阶段依赖的策略资源更为精准，人力资源更为集中，偏向于体制内渠道，建设性更强，而社会组织所代表的家长社群则需要自始至终地参与。

第三，加强与政策中间人的联系，构建政策倡导同盟。社会组织参与政策过程离不开外部人力资源的支持，而这些外部人力资源是靠社会组织的使命聚合而来的，如热心记者、公益律师、专家学者、代表委员等专业人士，这些专业人士统称为政策中间人，他们在社会组织参与政策过程中都起着不可替代的作用：热心记者将孤独症儿童失学状况、家长诉求和国内外相关经验写成媒体内参，拓展融合教育受众面；公益律师指导社会组织申请特殊教育经费使用状况的政府信息公开，帮助家长社群行使公民权参与政策过程；专家学者通过公益论坛讲授融合教育通识，向教育部门相关人员分享融合教育理念和实践，并在政策评估阶段结合调查问卷、实地走访等给出专业调研报告,以此作为评估政策执行效果的依据;代表委员通过在人大/政协会议上行使议案/提案权使教育部门重视融合教育,确保政策执行不走样。社会组织的使命感越强烈,政策倡导的旗帜举得越久,其聚合的政策中间人也就越多,形成的倡导合力也就越大,从而形成政策突破。长此以往,潜在的政策倡导同盟就会形成。

第四,加强组织内部能力建设。社会组织政策参与的前期,尤其需要依赖外部人力资源和策略资源,但随着政策参与进入中后期,外部的人力资源不可能一直参与,这时就需要社会组织工作人员及有需求的社群学习相应的倡导策略,从资源依赖转向能力建设,对外部资源的依赖程度逐步降低。

参考文献

丁煌、定明捷,2010,《国外政策执行理论前沿评述》,《公共行政评论》第1期。

郭雅囡,2016,《全纳教育理念下郑州市学龄特殊儿童教育现状研究》,《教育观察》(下半月)第11期。

韩青,2016,《从赋权到充权:盲人参加普通高考如何实现"零的突破"》,《残障权利研究》第2期。

和经纬,2008,《中国公共政策评估研究的方法论取向:走向实证主义》,《中国行政管理》第9期。

霍海燕,2008,《公民社会的兴起对政策制定的影响》,《中国行政管理》第2期。

李占乐,2011,《中国公民社会参与公共政策制定的渠道和方式》,《理论导刊》第3期。

梁晏妮,2013,《资源依赖视角下我国社会工作机构发展路径的探索——以两家社工机构的对比分析为例》,硕士学位论文,复旦大学。

刘超,2021,《资源依赖视角下潜江市社会工作机构发展困境及路径研究——以F社会工作机构为例》,硕士学位论文,广西师范大学。

刘伟、黄健荣,2008,《当代中国政策议程创建模式嬗变分析》,《公共管理学报》第3期。

刘筱丹,2017,《资源依赖理论视角下志愿服务的行动策略——以深圳市A机构社工服务中心"模拟家庭"志愿服务为例》,《法制与社会》第6期。

马迎贤,2005,《组织间关系:资源依赖视角的研究综述》,《管理评论》第2期。

史英博，2021，《资源依赖理论视角下社会组织参与社会治理的模式研究》，硕士学位论文，广西大学。

王春城、赵小兰，2015，《公共政策规划中的伦理失范与治理》，《国家行政学院学报》第 6 期。

王瑞祥，2003，《政策评估的理论、模型与方法》，《预测》第 3 期。

徐家良，2012，《第三部门资源困境与三圈互动：以秦巴山区七个组织为例》，载徐家良主编《中国第三部门研究》（第三卷），上海：上海交通大学出版社。

徐家良、刘春帅，2016，《资源依赖理论视域下我国社区基金会运行模式研究——基于上海和深圳个案》，《浙江学刊》第 1 期。

姚迈新，2012，《资源相互依赖理论视角下的社区社会组织发展——以广州为例》，《岭南学刊》第 5 期。

叶托、薛琬烨，2019，《"在执行中规划"：软性社会政策的政策规划模式——以 Z 市全民公益园建设为例》，《中国行政管理》第 1 期。

张竞昳、侯海峰，2012，《河南约有 5 万名孤独症患者　让我们为他们的孤岛架一座桥吧》，《郑州晚报》3 月 31 日。

张小明，2013，《论公共政策过程理论分析框架：西方借鉴与本土资源》，《北京科技大学学报》（社会科学版）第 4 期。

周志忍、蒋敏娟，2013，《中国政府跨部门协同机制探析——一个叙事与诊断框架》，《公共行政评论》第 1 期。

竺乾威，2017，《政社分开：从资源依附走向共生性资源依赖》，《福建行政学院学报》第 4 期。

Anderson, J. E. 2003. *Public Policymaking: An Introduction.* New York: Houghton Mifflin Company.

Baker, W. E. 1990. "Market Networks and Corporate Behavior." *American Journal of Sociology* 96 (4): 589 – 625.

Iyer, G. R. 1997. "Comparative Marketing: An Interdisciplinary Framework for Institutional Analysis." *Journal of International Business Studies* 28: 531 – 561.

Lernerand, D. and Lasswell, H. D. 1951. *The Policy Orientation in the Policy Sciences.* Stanford: Stanford University Press.

Pfeffer, J. and Salancik, G. 1978. *The External Control Organizations: A Resource Dependence Perspective.* New York: Harper and Ro.

教育"双减"政策与初中教师角色变化研究

——以上海市 M 区为例

张颐熙　刘娇蕾　汤毅佑[*]

摘　要　"双减"政策开启了我国教育高质量发展的新时代。教师作为落实"双减"政策的关键群体，鲜有人关注他们在新的政策背景下发生的角色变化与潜在挑战。本研究采用质性扎根理论的分析方法，发现"双减"背景下初中教师群体主要扮演四种角色：传道授业者、以研促教者、学生对话者和家校沟通者。在"双减"政策的引导下，教师角色在课内教学、教研科研、立德树人与家校沟通等方面发生了积极的正向转变，取得良好的政策实施效果，但"双减"政策也给教师带来新的挑战。教师角色变化与现实挑战的背后，实质是对于家校社协同育人、构建良好教育生态等社会议题的探讨。

关键词　"双减"政策　教师角色　家校社协同育人　教育生态

---

[*] 张颐熙，上海大学社会学院社会学系本科生，主要研究方向为教育社会学等；刘娇蕾，上海大学教师工作部工作人员，上海大学社会学院博士生，主要研究方向为大学生心理健康、学校社会工作等；汤毅佑，上海大学社会学院社会学系本科生，主要研究方向为教育社会学、思想政治教育等。

一 研究背景与问题

2021年7月24日,为切实提升学校育人水平,中共中央办公厅、国务院办公厅印发了《关于进一步减轻义务教育阶段学生作业负担和校外培训负担的意见》,即"双减"政策,旨在有效减轻义务教育阶段学生过重的作业负担和校外培训负担。目前社会上对于"双减"政策的关注,大多聚焦于校外培训规范整顿问题,以及"后双减时代"的家长和学生如何应对"内卷"、度过适应期的问题,教师群体似乎从大众视野中隐去了身影。事实上,教师群体作为"立德树人"的核心,是落实"双减"政策、推动教育变革的重要力量。因此,教师在政策实践中的角色定位与角色转变无疑是对"双减"政策实施效果进行评估的重要参考依据。

在最普遍的意义上,教师角色即教师在微观教学实践中发挥的作用,不仅是对教师在特定情境下行为现象的凝练与总结,还蕴含着对教师的行为要求和角色期待。例如,章光洁(2002)认为在多元文化社会中,教师扮演着以下角色:学生的关怀者,多元文化的理解者,本土知识的专家,多元文化教育环境的创设者,行动研究者。俞红珍(2010)在我国新一轮基础教育课程改革的背景下,提出了三点角色期待:希望教师能够成为积极的课程开发者、学习促进者和课程研究者。但这些研究仅仅在教育专业领域内探讨教师角色产生的原因,割裂了教师、教育和整个社会之间的关系。还有一些学者在宏观社会结构中理解教师的角色,以进行视角上的补充:作为国家义务教育制度的服务者和社会流动的引导者(郑新蓉,2005),教师所践行的育人标准反映了国家和社会对人才培养的要求和期待。他们在现代学校机制中引导学生完成社会化,提升人力资本,实现向上社会流动或保持代际维持。此外,教师还作为将教育体制和劳动力市场联结起来的桥梁(蒋衡,2002),促进社会分工和经济发展。教师、教育和社会之间存在紧密的联系,立足于微观实践的研究最终应该去回应宏观的结构性问题,即米尔斯提出的"社会学的想象力"。随着社会的变革和发展,教育改革已经成为当今学校和教师必须面对的问题。对于教师来说，改革可能意味着心理定式、工作方式的改变，也可能意味着竞争方式和利益关系的调整（傅维利、刘磊，2004）。不论是哪种情况，改革都会成为教师压力的重要来源。"双减"政策的出台标志着我国教育发展进入新阶段，有关研究也应在新的政策背景下与时俱进，在变化与发展中从教育透视社会。

2022年是新时代新征程中具有特殊重要意义的一年。党的二十大于2022年10月召开，针对教育领域，要求以习近平新时代中国特色社会主义思想为指导，弘扬伟大建党精神，坚持稳中求进工作总基调，落实立德树人根本任务。百年大计，教育为本；教育大计，教师为本。毋庸置疑，"双减"政策是国家进行教育改革、优化育人导向的大型方针政策。面对新形势、新任务，需要重新挖掘教师在"双减"政策实施过程中所扮演的角色，重视教师的因素，推动建设高质量教育体系，顺应人民期待，增进民生福祉，实现教育强国的目标。

基于上述背景，本文将围绕以下几个问题展开探讨：第一，"双减"政策下的教师扮演怎样的角色？第二，"双减"政策促使教师角色发生了哪些正向转变？第三，伴随着正向转变，"双减"政策又给教师带来了哪些新的挑战？基于对这三个问题的分析，本文希望能够以"教师角色"这一贴近实际的独特视角对"双减"政策的实施效果进行评估，以小见大，为后续社会政策和教育措施的制定提供参考意见，优化"双减"的政策治理。

二　研究方法

上海市M区通过数字化驱动的"1258工程"为师生构建了一个差异化教学工具与平台环境，成功入选教育部10个"双减"典型案例，并在全国范围内进行推广，是具有典型性的试点地区。笔者于2022年1~3月在该区进行了田野调查，采用半结构式深度访谈的方法收集资料，辅以非参与式观察，共访谈了10名来自上海市M区的初中一线教师（见表1）。

表 1 受访教师的任教与任职情况

受访教师编号	中学性质	任教科目	任教年级	任教班级	任职	教龄（年）
LU	公办	语文	八年级	2	班主任	2.5
R	公办	历史	七、八年级	5	仅授课	1
Z	民办	英语	七年级	2	班主任	—
J	公办	英语	七年级	2	年级组长	—
W	公办	语文	七年级	1	班主任	34
X	公办	物理	九年级	1	仅授课	28
C	民办	语文	六年级	2	副班主任（2个班级）	33
L	民办	化学、科学	六、九年级	4	副班主任 学校科技辅导员	9
CA	民办	历史	七年级	5	仅授课	13
ZH	民办	英语	七年级	2	备课组长	28

此次调研采用质性扎根理论的分析方法，对受访教师的访谈原文进行编码分析。为保证编码的信度，在正式编码分析开始前对同一份访谈资料进行编码，通过比对和协商确立编码标准，即编码本，在此基础上分别对其他访谈资料做编码处理。

首先进行开放式编码，将收集到的资料分解，逐句贴上标签，根据每个标签的性质将其概念化。接下来进行主轴编码和选择性编码，发现和建立概念类属之间的各种联系以表现资料各个部分之间的有机关联，最终提炼出选择性编码，即核心范畴。在对本研究的范畴进行比较后，确定"双减"背景下教师的角色为核心范畴，传道授业者、以研促教者、学生对话者、家校沟通者这四种角色类型为主范畴，具体见表2。在对研究中出现的范畴进行了反复分析后，未发现新的范畴或者新的范畴之间的联系，且各范畴出现次数均在20次以上，基本达到理论饱和度。

表 2　主轴编码和选择性编码

内容	主轴编码	选择性编码
分层布置作业；控制作业量和完成时长；公示作业时长；建立年级专属习题库……	作业设计减量分层	传道授业者
课后服务上辅导课；看护写作业；课后服务导致工作时长增加……	课后服务授课辅导	
课堂教学提高效率；晚上花大量时间备课；教材更换重新备课；创新课堂教学方式……	课堂教学提质增效	
通过使用软件减轻作业批改负担；使用数字化手段；教师终身学习……	数字化手段赋能"双减"	以研促教者
利用在家时间完成课题研究；成为研究型的智慧教师；进行科研工作……	"授课型"到"探究型"	
教师进修以线上为主；教科研项目组工作……	教研科研两手抓	
晚课需要监督值日；注重对学生的过程性评价……	班级管理与集体建设	学生对话者
培养学生兴趣；"双减"驱动学生调整学习习惯；注重学生心理健康……	呵护学生心理健康与人格养成	
增加眼保健操和体育锻炼时间；每天批改学生备忘录；了解学生睡眠时间……	落实五项管理	
一些家长让孩子超前学习，向老师寻求建议；部分家长举报老师……	探索家校共育	家校沟通者
保持家校沟通；家长的要求存在差异……	促进家校沟通	
家长对孩子的升学有要求；家长重视成绩……	缓解家长焦虑	

最终"双减"政策下的教师角色形塑模型如图 1 所示。

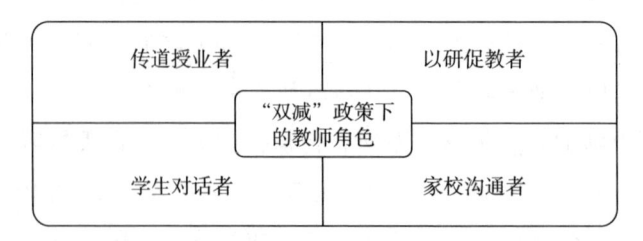

图 1　"双减"背景下教师的角色形塑模型

三 "双减"政策实践中教师角色正向转变的类型学分析

"双减"政策以落实立德树人为根本任务，旨在强化学校教育主阵地作用，推动建设高质量教育体系。在政策的引导下，教师角色发生了正向转变。

（一）传道授业者：提升课内学习效率，减轻学生作业负担

"双减"政策出台后，教师"传道授业者"的正向变化主要体现在作业设计、课堂教学和新增的课后服务三方面。

在作业设计方面，教师将"减量""分层"作为主要的工作路线。首先，作业布置摆脱了题海战术。政策要求初中阶段不能使用已出版的教辅，作业须由教师自主设计，且明确规定"初中书面作业平均完成时间不超过90分钟"。因此，教师需要自行改编、选编和自主创编习题，促进学生举一反三。其次，教师将学生分层分类，给不同的学生布置不同的作业。这意味着教师必须在课堂教学、作业批改等过程中增进对教学重难点、学生掌握程度的了解。分层布置作业在主科（语、数、英）中较为常见。例如，一位语文教师表示："全部默写过的同学没必要让他们再重复，重点去进行作文和阅读理解的提升。其他同学重点整理古诗文默写中错题部分。这样更有针对性。"（C15）

在课堂教学方面，在"提质"的同时"增效"。"双减"之后学生课后做作业的时间减少，课堂上的即时巩固有所增加。为了给主科作业腾出时间，非主科教师争取让学生当堂完成回家作业，这又压缩了授课时间。在有限的时间条件下，教师的讲授相比之前具有更强的教学针对性和考试相关性。"知识性的东西不会像传统课堂那样讲得过多，让他们自己看。因为没有那么多时间给他们去练习，所以在课堂上要好好操练。"（R13）在教学形式上，教师也在不断创新，设计许多别出心裁的方式，激发学生学习自主性，赋予学习过程竞争性和趣味性。

课后服务是"双减"政策的重要举措。从2021学年秋季开学起，各初

中积极推行"5+2"课后服务①，建立了不同的运作机制。在与受访教师沟通后，笔者总结了当前课后服务中教师的几条工作开展路径。一是"分层授课"。"双减"之后关停了课外培训班，教师利用课后服务时间对成绩较为落后的学生进行单独辅导以夯实基础，做到"补缺"；同时，教师对学有余力的同学进行知识延伸和提高，做到"培优"。二是"作业辅导"。教师答疑解惑，引导学生利用课后服务时间基本完成书面作业，帮助学生养成思考质疑、守时守纪的习惯。三是才艺拓展。这种路径仅在升学压力较小的年级较为常见。"有一些特色活动，包括乐器演奏和鼓号队训练、棒球等体育特长，每周有一次。"（J12）根据不同年级学生特点，聚焦艺术与审美、体育与健康、科技与生活，开设多种课程和精品社团，让学生尽可能多体验、多感受，挖掘学生的个性潜能。

（二）以研促教者：立足"双减"潜心科研，开发线上教学资源

在"双减"政策出台后，M区教师依托上海市的空中课堂、电子书包项目等技术资源，不断将数字化手段深度融入教学工作，加快推进信息技术重塑教学方式的进程，推动"双减"进一步落实。本研究的田野地点M区作为全国智慧教育实验区，就是以数据驱动教学的"1258工程"为特点，入选教育部"双减"典型案例。在"双减"背景下，数字化平台所提供的作业批改、诊断、评价等智能服务能够减轻一部分批改作业的工作量，有助于教师因材施教。"我在作业里面会布置英语口语作业，这个（平台）自己出答案，直接出分数……最后我只需要给他们总结题型或一些关键细节。"（J91）教学技术手段的迭代要求教师在工作之余不断学习掌握数字化教学技能，强化终身学习理念，提高自身专业素养和教学水平。

"现在的时代，想做一个简简单单的教书匠是不可能的，你还得做智慧

---

① "5+2"课后服务，即学校每周5天开展课后服务，每天至少开展2小时，结束时间要与当地正常下班时间相衔接。课后服务一般由本校教师承担，学校也可聘任退休教师、具备资质的社会专业人员或志愿者参与。在课后服务工作开展中，教师一方面应指导学生认真完成作业，对学习有困难的学生进行补习辅导和答疑，为学有余力的学生拓展学习空间；另一方面应开展丰富多彩的文艺、体育、劳动、阅读、兴趣小组及社团活动，尽最大努力满足学生的不同需求，但教师不得利用课后服务时间讲新课。

型老师，会写论文。"（C43）如今"做研究"不再是大学教授的"专利"，中学教师逐渐从纯粹的教书匠转变为研究型智慧教师。在"双减"的政策背景下，科研是他们深化对"双减"政策理解、提升教学能力、加速专业化成长的重要途径。他们立足教学实际提出各类具有现实性的选题，例如，学生作业减负、优化课后服务形式、构建家校社协同育人体系等，并且将研究成果反哺于教学实践中。

（三）学生对话者：贯彻过程评价理念，促进学生全面发展

"双减"政策反对唯分数倾向，拥抱新时代的素质教育。教师们进一步将过程性评价理念贯彻在学生学习与校园生活的点滴之中，因材施教，注重呵护学生的身心健康，培养学生的创新精神与实践能力。

"五项管理"作为"双减"政策的又一项重要内容，旨在促进学生健康、全面发展。教师落实"五项管理"的具体工作从以下几方面展开。在睡眠管理方面，确保学生有充足的睡眠时间。比如教师会通过学生备忘录监测学生睡眠时间，重点关注睡眠时间较少的学生。在读物管理方面，教师需要把关学生的课外读物。在手机管理方面，主要关注学生是否将手机带入校园，对学生使用手机进行教育引导。在体质管理方面，体育课与课外活动时间都得到了保障。在作业管理方面，则主要以"减量分层"为指导原则，这在"传道授业者"板块已经进行了分析。

正如受访教师所指出的："想要学的人，自然就往前。不想学的人，没关系，不给压力，至少人人都是心理健康的。"（J67）"小孩有很多不同的路可以走，课后培养他的兴趣是更重要的。"（R16）"双减"以过程性的全面评价为核心，学习成绩不再是衡量学生的唯一标准。一些受访教师表示，他们兼任了科技、艺术辅导员，为想要参加竞赛的学生提供针对性指导。在与学生的沟通中，教师会侧重于激发兴趣、因材施教，激发学生的个性与潜能，与学生进行更具特色的对话与交流。

（四）家校沟通者：改善传统家校关系，激活家庭育人优势

"现在拼的是父母。作为教师，我们只能给点建议。"（J63）"双减"政策减轻了学生的作业负担与校外培训负担，使学生在家庭中拥有更多自由

支配的时间,如何合理规划自主时间极大程度地影响着学生今后的成长与发展。在学校教师无法触碰的领域,需要家长积极承担起育人的责任,构建美好和谐的亲子关系。紧接"双减",《中华人民共和国家庭教育促进法》[①]于2022年正式施行,家庭教育的重要性正在不断彰显,相比之前,在新的政策环境下,教师的家校沟通以激活家庭的育人优势为目标,运用经验、智慧与耐心,引导家长贯彻科学的教育理念和方法。

长期以来,学校与家庭之间缺乏成熟的共育意识与深度合作,学校负责"教",家庭只负责"养"。以往家校沟通只有当学生在校表现异常时才会进行,仅以解决学生出现的特定问题为目的,往往治标不治本。在教师主动家长却被动的情况下,教师难以把握家校边界与介入尺度。如今,家校沟通趋于常态化,教师和家长定期沟通,了解与交流学生的成长动态。在沟通中,教师们最常问的问题是"为什么?"。这一类发问重新将家长引回育人的航线,和教师一起由表及里地打开学生人格养成的"黑箱",将学生放置在学校和家庭环境的社会关系网络中进行解读。"(孩子)现在的状态(性格暴躁、有些自卑)可能受到小学时候的影响。那个时候我还是太急了,而且很强势。现在我已经不这么强势了,但感觉有点晚了。""我们家(孩子)的性格主要还是受家庭的影响。上有姐姐下有弟弟,她觉得自己是全家成绩最差、最不受宠的那个。"[②] 一些家长育人的底层思维也从本体论向建构论转变:学生不再是孤立的个体,而是关系性的集合;其存在的问题不再仅仅被视为一种病理性异常,而是存在一个建构与生成的过程。在教师的引导下,家庭教育不断发挥其应有的育人优势,不断培育家校合力,促使学校教育与家庭教育成为一种理解性的教育。

四 "双减"政策给教师带来的挑战分析

在教师的不懈努力下,"双减"取得了不少令人欣喜的有益成效。但是

[①] 作为我国首部家庭教育立法,《中华人民共和国家庭教育促进法》于2022年1月1日起正式施行。《家庭教育促进法》是大力弘扬中华民族家庭美德的法治体现,以立德树人为根本任务,旨在与学校协同培养全面发展的社会主义建设者和接班人,将"家校共育"提升到了新的高度。

[②] 此处引用了笔者与部分学生家长的访谈原文。

笔者通过对访谈资料进一步分析，发现伴随着正向的转变，教师也面临许多新的挑战。

（一）左右为难：政策规定与教学实际之间的张力

"双减"政策的一大核心是减轻学生过重的作业负担，但不少受访教师表示，减轻作业负担的可操作性有待提高，各学科在作业量的控制和搭配方面有待磨合，要真正实现"初中书面作业平均完成时间不超过90分钟"这一政策规定可能还需要更多时间。首先，尽管从理论上"平均"二字考虑到不同学生的学情差异，并未强制要求所有同学进度一致，但可能忽视了个别同学完成作业的时长。"我们按照中等孩子的作业完成时间，不能说最后一名同学花了多长时间完成。那就是70%的同学，如果能够在90分钟内完成，那就是完成了。"（J105）同时，学生的作业完成时间难以精确统计，给学校与教师的进一步监督落实带来困难。

其次，为确保完成作业总时长达标，各个科目之间的作业量安排需要经过大量协商，协调难度大。以上海市初三年级为例，其涉及的中考科目包括语文、数学、英语、物理、化学、道德与法治等，将所有这些学科的训练量加在一起控制在90分钟内，在操作上存在一定困难。比如有教师表示"用时间来衡量作业量可操作性不强。现在化学还在中考要求里，但是要求的就是做作业时间在15分钟之内。"（L15）因而在应对较为频繁的督导检查时，不得不对作业实际完成时长等数据进行"适当调整"，显得捉襟见肘。

（二）积重难返：直面教学与科研深度融合的创新实践

"双减"背景下更需要向课堂要效率，如此便需要"以研促教"，形成教与研的良性互动、深度融合。在教师的传统观念当中，教师的任务只有教学，很少有从事教育教学研究的机会。然而如今的教师不能只做一个"纯粹的教书匠"，还要以研究者的眼光审视教学实践中的各种问题，向"智慧型教师"转型，使教学更加贴近学生实际与身心发展规律，促进学生全面发展。在调研中，笔者发现部分教师面对这一新变化显得无所适从，不清楚如何用科研成果反哺教学，倾向于将其视为一种负担。"我不过就在做一些零零散散的（工作），从 a 处放到 b 处，然后从 b 处搬到 c 处，然后打个包。我就是在做这些工作。"（C40）在这种传统的错误认知下，科研工作不仅无法产生增量知识，还进一步加重了教师的工作负担。同时，正如前文所提到的，"双减"背景下教师日常工作更加繁重，而科研任务也需要教师付出更多的时间和精力，这种两难情境与传统教师根深蒂固的观念共同使科研被迫处于一种可有可无的地位。

党的二十大首次将"推进教育数字化"写入报告，作为教师则需要以一种更加积极主动的姿态迎接科技迅猛发展的新时代，这给一线教师尤其是老教师带来了巨大挑战。"老教师刚开始的时候可能会有一些技术上的困难，那么逼着你必须学。"（W56）教学技术手段的迭代，要求教师在工作之余接受培训，及时学习前沿的信息技术，掌握数字化教学技能。因此，教师在持续被数据"服务"的同时，也在被系统"提出要求"。信息技术对教师的工作图式进行了重组，需要他们迈出改变的第一步，通过融合教育资源、基础数据，以数字化手段推进教学与科研深度融合，提升数字化素养。

（三）应接不暇："双减"政策之下家校沟通的新瓶颈

不同家长对"双减"政策的理解不同，使"双减"时代教师家校沟通工作的难度与复杂性有所提升。

短期内，"双减"政策背景尚未完全缓解部分家长的焦虑心情：他们对孩子有规划，有期待，因而对教师的做法有要求，对教师的反馈有需求，这些都需要教师一一处理并予以回应。随着"双减"取消区统考与联考，教师也不可公开发布学生成绩排名，以此对孩子进行定位的家长失去了参考依据，对孩子的升学抱有担忧之情，这在他们与教师的沟通中得到具体呈现：尽管"双减"对作业时长做出明确限制，但为了让孩子掌握得更扎实、在考试中更有竞争力，很多家长还是询问教师是否能多布置一些练习，并根据孩子的情况向教师寻求课外自主学习的建议。受访教师表示，"双减"之下，部分家长找教师沟通的频率增加，时间也变长了。"有些家长可能晚上 10 点、11 点多还会在微信上问我。"（Z62）"（一些家长）每次考完试就问'我们家孩子问题在哪？'，这一句话可以回半小时。"（J59）

还有一些家长持顺其自然的态度，认为在"双减"背景下，考试难度将有所降低,同时也不希望教师教得太难。他们对孩子在学校内的学习和生活情况关心也相对较少,或因为工作太忙碌无法兼顾,或觉得"可以不用管小孩了,所有的事情都是学校和老师来管"(CA28)。教师和这些家长的沟通存在一定障碍,家庭和学校双方在育人方面难以达成共识。此外,如果教师应部分家长要求在课后服务时段进行讲课辅导,或在规定作业量之外额外布置作业,也可能会导致其他家长的不满。"家长给校长写信,当时连收两封。(他们)觉得小朋友负担没有减轻,上课到很晚,在学校时间太长。"(LU33)

(四)身心俱疲:承受较大的工作强度与心理压力

不同于在家长和学生面前活力四射的模样,在访谈中,不少教师表现出浓浓的疲惫感。据笔者了解,多位受访教师有不同程度的亚健康问题。"基本上老师多多少少都有一些职业病。现在很多老师有甲状腺结节、颈椎病,其实也都属于职业病吧。"(CA54)在"双减"政策落地的这一年里,教育问题始终是社会关注的焦点,教师群体在自我高要求、身体高负荷、工作高强度、社会高期待的压力下,不可避免地处于身心俱疲的状态。"对于很多老师来说都是这样的。我们其实一直是正能量给到别人,负能量给到自己的教师群体。"(J78)如何在给学生减负的同时探索教师减负的科学路径成为必不可少的议题。

课后服务政策全面启动,明确义务教育阶段校内课后服务时间一般不少于两个小时、结束时间一般不早于当地正常下班时间,一线教师尤其是班主任的在校时长明显延长,这引起的连锁反应不容小觑。"('双减'之后)我基本上就7点到学校,7点回家,12个小时就在学校里面。"(W23)笔者在前文的分析中已经指出,教师在"双减"背景下面临更艰巨的任务。伴随着在校时长延长,教师在晚上回家以后还需要进行数小时的备课,与家长进行针对性沟通,或者潜心完成科研任务。对于有子女的受访教师来说压力更为显著,如何平衡工作与家庭是不得不面临的抉择:作为教师,也作为家长,花在工作上的时间太多,对自己的家庭难免怀有愧疚之情,也为自己子女的升学感到迷茫。外在压力和内在困扰相互交织,对教师日常生活的影响逐步凸显。

五 结语：关于"双减"政策的进一步思考

进入新时代，党和国家从基本民生问题的高度重新审视基础教育，通过"双减"政策引导基础教育公共服务体系回归公共性。在"双减"政策的引导下，校内课堂作为学生学习主阵地的地位重新得以彰显，学校教育质量的提升不仅是教师努力的成果，亦是其努力的目标，鞭策他们不断提升自身的专业素质。与之相对应，校外补习教育市场得到有效整顿。从社会民生的角度来看，这不再仅是"补习班和学校谁来教孩子"的简单问题，而是对教育公共资源分配格局的变革再造。"双减"政策下，教师也在不断引导育人理念的转变，提倡以整体性视野考查学生成长的过程与各项素质，代替单一成绩导向；用建构性思维将学生成长中的问题置于社会关系网络中去理解，展现出更深刻的人文关怀。

但是，笔者也发现了"双减"政策给教师带来的挑战：政策要求与教学实际之间存在一定张力；教学事务和课后服务上的新变化要求教师付出更多时间与精力去适应，而其余的非教学事务，如科研任务、教研工作等，渗透进教师的休息时间；不同家长对"双减"政策的理解不同，使家校沟通工作比先前更为复杂；在高强度工作下，多位受访教师面临身体健康和心理健康的双重威胁。针对这些现象，笔者做了进一步思考。

（一）家校社协同育人机制有待健全

部分家长的不配合、不理解给家校合作与家校沟通带来了困难。与此同时，社会工作者和社会力量较少进入学校与家庭开展相关的专业服务，现行的课后服务主要由本校教师承担，教师压力较大。事实上，家校社协同育人并非新概念，却体现了新时代教育事业发展的新要求。《中华人民共和国国民经济和社会发展第十四个五年规划和2035年远景目标纲要》明确提出了"健全学校家庭社会协同育人机制"，党的二十大报告对于这一要求再次予以强调，而"双减"政策的推进则使家校社协同育人的落实更为迫切。

教育应以家庭为起点，以学校为阵地，以社会为平台。但是从目前的状况来看，当前协同育人层次低、较松散，没有真正形成教育合力，合作陷入低效能困境（唐汉卫，2019）。从本研究获得的访谈资料来看，目前的家校社三方非但没有发挥合力，甚至可能互相掣肘，比如学校给学生布置作业"减量分层"的同时，家长给学生增加额外负担、布置网课与额外教辅；学校在贯彻素质教育的同时，社会上正弥漫着"成绩焦虑"与"教育内卷"。如此种种，都要求家庭、学校与社会三方以学生为中心，各施所长、合作共育，从而共同营造良好的教育生态，全面促进学生成长、提升教育质量。教师应做好家校社协同育人的活动设计者与引导者，通过家长学校、成长沙龙等形式引导家长树立正确的家庭教育观念，帮助学生养成积极的人格品质；通过各类校园文化活动也能够让家长进一步理解教师工作方针、学校教育理念与"双减"政策实质，形成家校合力。

社会作为家校社协同育人机制的一大场域，亦为立德树人提供了丰富资源。社会教育具有公益性的特征，其主要通过环境浸润的方式间接育人（叶海波、魏超燕，2022）。高效整合社会资源将是对学校教育、家庭教育有益的丰富与延伸。以 2020 年发布的《教育部　国家文物局关于利用博物馆资源开展中小学教育教学的意见》为例的各类文件，都为家校社融合提供了参考。类似的社区、社会机构、图书馆、博物馆等都可以为学校提供更多教育资源与空间，从而丰富学校现有的教育活动，比如学校与周边社区联合开展课后服务，一来可以减轻教师的工作负担，二来可以让学生通过社会实践锻炼创新思维与能力。同时，教师也可以在此过程中扮演资源整合者的角色。学生家长往往来自各行各业，其中也不乏行业精英，教师也可以邀请优秀学生家长走进社团、走进课后服务，开发家校社协同育人更多的可能性。更重要的是，社会对于学生成长的作用不仅仅在于资源，还在于营造的良好氛围。比如新时代家风建设下的"文明家庭"创建活动，引导家长重视家风建设和家庭教育，也进一步让家庭、学校、社会构成了促进学生成长的完整教育生态。

"双减"背景下的素质教育是终身的，强调家校社协同育人，推倒学校和社会围墙，更是为了把教育从学校扩大到全社会，使其成为全社会教育的一个进程，构建服务全民终身学习的教育体系，从而实现"教育社会化"。

（二）构建"后双减时代"的良好教育生态

《中国美好生活大调查（2020—2021）》[①]显示，"子女教育"在家庭面临最困难的问题中除"收入""住房"之外名列第三，表明其已成为当下中国社会备受关注、亟待解决的重要民生问题。"双减"之前，在竞争机制、资本运作和价格机制等市场机制的交叠影响之下，教育发生了从课堂向课外的重心偏移。参加补习与否，不纯粹是学生与家长自发做出的理性选择，还夹带着浮躁的教育内卷环境下由恐惧和迷茫等情绪驱动的非理性。家庭在教育方面的投入越来越大，但家庭对子女未来教育前景的不确定性越来越强（张志勇，2021）。教育的资本化运作不仅模糊了正式教育与非正式教育的边界以及家庭和学校的边界，还影响了家长对教师群体以及对学校教育的认同，对教育生态造成了极为恶劣的影响。

构建教育良好生态，最关键的是优质教育资源的合理配置。作为对基础教育公共性挑战的回应（余晖，2021），"双减"政策以内外兼顾为着力点，对外规范校外培训机构，对内强化学校教育主阵地，明确了优质教育资源的供给应该以校内课堂为重心这一红线意识，指向"在学校这个主渠道就能实现教育"的最终目标，从而满足国家与社会对人才培养的需求和孩子的个性发展需求。

然而，教育资源合理配置不仅与供给有关，在供给和需求之间达成匹配与平衡，才是"合理"的应有之义。在当下的过渡期和阵痛期，尚未形成供给和需求的平衡。由于学科类校外培训资源由"全面过剩"转向"短期不足"，学生多元化、个性化的学习需求以及家长对优质教育的期待和要求直接转移至学校教育（余雅风、姚真，2022）。不仅学校自身教育教学质量急需进一步提升，还要开拓符合素质教育要求和学生与家长个性化需求的多种形式课后服务，诸多压力集中在学校中的主要教育工作者——教师身上。事实上，"双减"政策强调教育的公益属性并不意味着完全限制校外

[①]《中国美好生活大调查》由中央广播电视总台财经节目中心、国家统计局等联合创办，是中国规模最大的媒体民生调查活动。调查每年发放10万张明信片问卷，覆盖全国31个省区市150多个城市和300个县，每年调查10万户中国家庭的生活感受、经济状况、消费投资预期、民生困难和幸福感等。

教育在提供教育资源上的可能性。为减轻教师在校内教育方面承担的压力，推动课堂教学和课后服务的双轨体系不断趋于完善，不仅需要健全家校社协同育人体系，还可以将多年来校外教育机构形成的优质非学科类培训资源通过政府出资、学校购买服务等方式引进校内参加课后服务，这样既能够丰富学校教育资源，满足学生发展的需要，也有助于引领校外教育机构从市场化向公共性的科学转型。

在"双减"政策对校外学科类培训的大力整顿下，影子教育仍然是公共教育体系挥之不去的阴影。从受访教师的表述中不难发现，部分家长仍然诉诸存在形式更隐蔽、价格更昂贵的线上补习。教育期望长期维持在较高水平，表现为人们心中对于接受高等教育的执念和对职业教育的偏见。从这个意义上来说，"后双减时代"进一步推进教育减负、构建良好教育生态的要害在于对优质教育资源需求侧的调整，必须对其背后深刻的历史渊源和现实基础有正确的认识。

对于优质教育资源的需求孕育于中国从古代到现代的历史脉络之中，是一种自古有之的本土性心态。自中国唐代确立科举制度后，中国的教育精英培养系统和依靠教育进行向上社会流动的历史经验已极为成熟（梁晨等，2017）。近代以来，虽然主流知识体系和教育内容受到西方的影响进行了一定改造，但考试制度作为基本形式得以保留。改革开放的浩荡浪潮中，许多人抓住了时代红利，通过考试制度获得了更好的教育机会，使自己的社会经济地位得到提升，现在社会上做老师和做家长的一代，很多人经历了这一过程。因此，"通过教育来改变命运"的观念扎根在东亚国家的人民心中，而且在中国是被教师群体和大多数家长所认同的共识。

这种本土性心态不断在人们当下所处的制度环境中得到强化。在"双减"政策减轻学生负担的要求下，家校沟通中家长和学生对于升学的不确定感也尚未彻底缓解，教师保持甚至提升教学质量和教学效果尤为重要，一直肩负着"出成绩"的使命与压力。中国的中考和高考制度作为社会流动的重要渠道，对于促进社会阶层合理公平流动、保持国家与社会的发展活力具有重要意义。然而，在教育改革进程中，中考和高考选拔制度一度被视为学生负担和家长教育焦虑越来越重的根源（樊本富，2005）。实际上，问题的根源不在于考试制度本身，而在于教育评价机制中的不健全与不合理因素。近年来，素质教育理念和唯成绩论两种思潮不断对冲抗衡，中考和高考改革也开始向多维度综合评价指标体系转型。然而，从实际情况来看，根据考试成绩对学生进行评价仍然占据主要地位，导致家长在维系孩子"短期内分数提升"与"长期内全面发展"两者之间关系的平衡中陷入迷茫。在实施素质教育和"双减"政策背景下，要从根本上扭转评价取向中的功利化与单一化残余，不仅需要持续推进学生评价指标体系从"分数本位"向"健康本位""素养本位"转型，还需要从市场需求端改变"重普轻职"观念（刘书生、刘德华，2022），与我国职业教育的发展与建设联通并进，提高技术技能人才的社会地位，在全社会范围内形成尊重劳动与技术技能人才的良好氛围。

教育是民生之基，"双减"政策引起的变革则是党为人民服务的宗旨在教育领域的具体体现，并不仅仅为"减负"，也不止步于对现实困境的破题，更是对"培养什么人"这一根本审思与时代之问的回应。21世纪的今天，高质量教育体系建设和教育现代化的实现，对教师的专业能力、心理素质与道德修养提出了更高的要求。关注教师在政策落地适应期所面临的挑战，并且有意识地去解决，只有这样，才能让学校在教育减负与"双减"政策中发挥关键的主导作用，调动教师作为政策执行者与落实者的积极性，统筹推进"双减"背景下的"加法"与"减法"，让教育回归本源初心，回馈人民期待，回应时代召唤。

最后，本研究仍然存在进一步探索的空间。作为一个教师群体的探索性研究，受到地域限制，尚未能关注到更多地区的教师群体日常实践及其主观解释。作为基于上海市 M 区的研究，笔者的研究发现可能会因为不同地区政策落实情况和其他因素产生变异。本文的研究结论在多大程度上符合中国其他城市和农村地区的实际状况，仍需后续进一步的研究加以检验。

参考文献

樊本富，2005，《统一与自主：高考改革之争》，《西南交通大学学报》（社会科学版）第 2 期。

傅维利、刘磊，2004，《论教育改革中的教师压力》，《中国教育学刊》第 3 期。

何克抗，1997，《建构主义的教学模式、教学方法与教学设计》，《北京师范大学学报》（社会科学版）第 5 期。

蒋衡，2002，《西方二十世纪七十年代以来关于教师角色的研究》，《高等师范教育研究》第 6 期。

梁晨、董浩、任韵竹、李中清，2017，《江山代有才人出——中国教育精英的来源与转变（1865 – 2014）》，《社会学研究》第 3 期。

刘书生、刘德华，2022，《利益相关者视域下"双减"实施的博弈困境及突破》，《当代教育科学》第 8 期。

唐汉卫，2019，《交叠影响阈理论对我国中小学协同育人的启示》，《山东师范大学学报》（人文社会科学版）第 4 期。

叶海波、魏超燕，2022，《"双减"背景下家校社"三元循环"的协同育人策略》，《教育科学论坛》第 13 期。

于川、杨丽乐，2022，《"双减"政策背景下教师工作负担的风险分析及其化解》，《当代教育论坛》第 1 期。

余晖，2021，《"双减"时代基础教育的公共性回归与公平性隐忧》，《南京社会科学》第 12 期。

余雅风、姚真，2022，《"双减"背景下家长的教育焦虑及消解路径》，《新疆师范大学学报》（哲学社会科学版）第 4 期。

俞红珍，2010，《教材"二次开发"的教师角色期待》，《中国教育学刊》第 1 期。

张志勇，2021，《"双减"格局下公共教育体系的重构与治理》，《中国教育学刊》第 9 期。

章光洁，2002，《多元文化社会中的教师角色及其对教师教育的启示》，《西南师范大学学报》（人文社会科学版）第 6 期。

郑新蓉，2005，《教师的阶层身份、社会功能与专业化——西方马克思主义关于教师的研究》，《教育学报》第 3 期。

儿童慈善医疗救助的机制研究

——基于三家基金会项目的分析[*]

王晟昱 何兰萍 李 想[**]

摘 要 困境儿童救助是我国儿童福利事业发展的重要内容，大病救助也是学界关注的热点话题之一。近年来，慈善组织在儿童大病医疗救助领域发挥了不可替代的作用。本文通过对相关主题文献的梳理，摸清我国现阶段儿童医疗救助的整体情况和政策导向。从福利多元主义的视角，根据福利资源主体和供给方式的不同，建立理论分析框架；选取慈善组织参与儿童医疗救助的典型项目进行比较分析。研究提炼出儿童慈善医疗救助的"多主体-全过程"机制，包括以慈善组织为枢纽，多元主体救助合作机制，和以患儿需求为中心，全过程差异化救助机制。基于此，本研究提出相关建议，为提高慈善资源在儿童医疗救助中的效用提供政策参考。

关键词 慈善 儿童 医疗救助 福利多元主义

---

[*] 本文系天津市哲学社会科学规划重点项目（TJGL20-025）的阶段性成果。
[**] 王晟昱，南京大学政府管理学院博士研究生，主要研究方向为贫困与社会救助等；何兰萍（通讯作者），天津大学管理与经济学部公共管理学院副教授，主要研究方向为社会治理；李想，国家发展改革委地区振兴司主任科员，主要研究方向为乡村振兴与贫困治理。

一 引言

改革开放 40 多年来，我国慈善医疗救助工作取得了快速发展与历史性成就，尤其是在困境儿童救助方面，有了明显的进步。首先，城乡居民基本医疗保险、城乡居民大病保险和重特大疾病医疗救助制度基本实现了全体居民覆盖；其次，基本医疗保险覆盖范围扩大的同时，保障水平不断提高，其中就包括对困境儿童的医疗救助支出（尹吉东，2022）。

然而，在儿童医疗方面，现有的城乡居民基本医疗保险和基本医疗救助实行的"广覆盖"原则决定了其仍处于"低水平"状态；加之儿童医疗治疗费用普遍偏高，使得国家医疗救助难以针对各类重大疾病实施有针对性的灵活救助，无法充分满足保障和改善基本民生的需要。

在我国慈善事业快速发展的进程中，慈善组织对于儿童大病救助的关注程度也不断提高，陆续开展了形式多样、覆盖多病种的儿童慈善医疗救助项目。党的十八届三中全会提出"健全困境儿童分类保障制度"，《"十四五"全民医疗保障规划》也要求健全引导社会力量参与机制，促进慈善医疗救助发展。未来一段时间，慈善医疗救助工作将通过政府医疗救助与慈善救助之间的有效衔接来完善慈善行为的导向机制，同时充分发挥政府、市场、社会的作用，实现政府救助与社会力量参与的高效联动和良性互动，以减少儿童医疗救助领域的不平衡、不充分因素，满足困境儿童对于医疗服务的需求。因此，协同做好困境儿童的救助特别是其医疗救助工作已经成为新时代党、政府、国家、社会和公民共同的责任。相较于国家开展的儿童医疗救助而言，慈善活动的低规则性、灵活性等优势使其参与医疗救助工作更具合理性、必要性。如今，慈善组织在儿童医疗救助领域与医疗保险、社会医疗救助构成协同联动、相互补充的救助体系。

基于此，本文以福利多元主义为主要理论基础，提炼当前我国典型的儿童慈善医疗救助的机制，探讨其与多主体合作的经验做法及可能提升的方向，就此提出政策建议，以期为提高儿童大病医疗救助的水平，缓解大病儿童及其家庭的困难，满足其对于美好生活的需要提供政策参考。

二 研究设计

(一) 福利多元主义与儿童医疗救助

福利多元主义是指政府不仅仅是单一的福利供给主体和责任主体,其他社会力量也可以成为社会福利的来源。福利多元主义(Welfare Pluralism)这一概念的提出来源于1978年英国的《沃尔芬德的志愿组织的未来报告》。该报告指出,社会组织是社会的重要结构,应被纳入社会福利的供给主体范围,社会福利的供给由政府一元化转变为多部门共同提供,并用于英国社会福利的政策实践(彭华民,2012)。之后,罗斯在《相同的目标、不同的角色——国家对福利多元组合的贡献》一文中首先明确了福利多元主义的概念,提出了三分法,市场、国家和家庭三个部门在社会中提供的福利总和即社会总福利。福利多元主义逐渐被认为是福利供给的多元化,即社会福利的供给方不应仅限于政府,而应由政府、市场、家庭和社会组织共同参与,福利供给的责任也不应由政府一家承担(李文祥、吴德帅,2016)。

根据中国知网的检索信息,国内关于福利多元主义的实证研究已有20年的时间(尚晓援,2001)。当前,以福利多元主义为理论基础,对我国社会问题展开讨论的研究涉及体育产业的运作、社区治理、困难群体帮扶、养老业升级、城市社区服务和保障房福利、社会救助理论体系建构等众多方面(王旭光等,2003;陈雅丽,2010;吴炜、朱力,2012;郭林,2014;王洁非、宋超,2016;曲绍旭,2012;刘涛,2016)。

近年来,我国民间社会力量不断发展壮大,福利多元主义也被广泛运用于我国弱势群体救助的研究当中。相关研究还在福利四分法的基础上再次进行细分,将家庭与社区剥离开来,强调家庭与社区各自的作用(邢梓琳、杨立雄,2022)。我国学者也认为,政府、企业、社会组织、社区、家庭等责任主体之间需要进行衔接,通过多样化的合作方式,协同供给公共服务。如有学者在研究社会救助时提到,政府需要制定积极的社会救助政策,帮助贫困者自救,这是因为政府仍然在社会福利的供给中起至关重要的作用,它在不同情境下扮演供给者、招标者、中介者等角色;但在一些特殊领域，需要政府救助与慈善救助有效衔接（郑林如，2022）。在我国，由于社会组织力量较弱，因此，政府与社会组织合作，除了提供服务之外，还应该扶持社会组织，促进第三方力量的成长。

在儿童救助领域，有学者从福利多元主义视角对救助安置受艾滋病影响儿童的"河南模式"进行解读，强调了在儿童艾滋病患者救助中，政府、社区、家庭、非政府组织和专业力量的角色互动方式与重要性；也有学者基于实证调研，构建起"留守儿童"的多元福利框架；还有学者从福利多元主义视角构建起困境儿童的福利体系（张长伟，2012；万国威、李珊，2012；行红芳，2014）。

可见，福利多元主义对于我国的社会福利领域改革具有重要的借鉴意义。当前，我国仍处于社会主义现代化建设时期，尚不具备西方福利国家那样雄厚的物质和经济基础。因此，国家的福利供给模式不能照搬照抄西方的做法与经验。而福利多元主义则为我们提供了可参考的理论模式：广泛发动社会各界可提供于社会福利的资源，平衡各方，以避免国家在福利提供中由于过多的保障而出现福利依赖问题等。经过半个世纪的发展，福利多元主义在理论上经历了多次修正与完善，其思想与分析框架在国内社会保障乃至公共管理领域得到了越来越多学者的认可和应用。然而，将福利多元主义作为研究的理论基础并以此设计研究框架，分析我国现阶段儿童医疗救助情况的研究尚不是很多。

（二）儿童慈善医疗救助的分析框架

关于福利多元主体，截至目前，最新的研究多采纳伊瓦斯提出的福利多元主义四分法（Hage，1992）。福利多元主义四分法认为，社会福利的来源有市场、国家、社区和社会组织四方面。其中，社会组织在社会福利中起着联系市场、国家和社区的纽带作用，对于整合社会福利有着重要意义（杨君等，2014）。

中国特色社会主义进入新时代，社会主要矛盾发生转化。慈善组织作为提供社会服务的重要主体，可以承担大量政府没有能力承担的服务，而且慈善组织提供的社会服务相对更加专业、细致和深入（朱照南，2018）。在这一背景下，需要建立起以困难患儿为中心、多元福利供给主体协同联动、救助形式多样化的慈善医疗救助分析框架，以减少医疗救助领域发展不平衡、不充分的因素，更好地满足大病困难儿童日益增长的对于健康、美好生活的需要。本文在传统福利多元主义四分法的基础上，结合儿童医疗救助的特征与当前工作需要，构建以患儿健康发展为中心、参与主体多元、救助形式多样的儿童慈善医疗救助分析框架（见图1）。

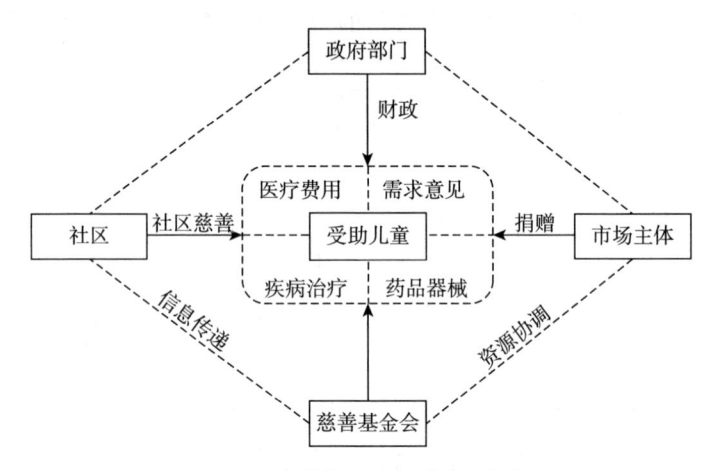

图1 儿童慈善医疗救助分析框架

首先，福利资源供给主体多元化。儿童慈善医疗救助体系的主体主要包括以行政机关和医疗机构为代表的政府部门，以慈善组织为主的非营利组织，市场主体以及社区管理服务部门。慈善非营利组织在多元救助体系中起到中心协调和纽带作用，开展丰富多样的慈善募捐、信息发布和资源动员活动，协调基于公平理念的政府部门、基于竞争原则的市场主体和基于社会关系的社区之间的关系，并不断创新方式方法，为患儿提供更加充分的医疗救助项目（王名、刘求实，2007）。行政机关通过出台正式文件和法规政策对慈善医疗救助工作进行管理与行为规范，同时通过购买服务、委托代理、兴办慈善组织、奖补等方式支持各类慈善组织开展有益于儿童福利事业的慈善医疗救助活动；公办医疗机构利用自身技术和资源优势，与慈善组织达成定点治疗单位等多种形式的合作关系，为患儿提供相应的医疗救治。市场主体出于提升其对外形象和综合竞争力的考虑，以自愿为原则向慈善医疗救助活动捐赠资金或组织员工参与相应的志愿活动。社区社会保障作为社会保障体系中的重要组成部分，对于提升社会保障整体水平有着重要意义；以村/居委会为代表的社区工作部门，是患儿家庭最常见且最容易接触到的福利提供主体之一，其在信息收集、意见反馈和协助救助工作方面起到了重要的支持作用（王琳，2007）。

其次，救助形式多样化。当前，社会救助工作的标准已逐渐从做好生活保障提高到救助对象的能力提升、社会融入和心理健康保障等方面。在儿童慈善医疗救助领域，救助的形式也从传统的一次性医疗救助资金支持转向全额医疗补助、直接医疗救治、心理健康疏导、后期回访与意见征集等多方面。从患儿家庭需求出发，改革救助供给侧，以更好满足其对于健康生活和家庭可持续发展的需要。

（三）研究对象的选择

本研究以典型慈善基金会开展的儿童慈善医疗救助项目为研究对象。在研究对象选取方面，主要来源于"中国大病社会救助"平台（www.zgdbjz.org.cn）。该平台是由国家卫健委指导、中国人口福利基金会负责实施，为健康扶贫大病救助工作提供求助申请和决策支持的综合性国家级平台。目前，该平台共有200余个慈善医疗救助项目，在促进慈善资源整合、信息共享，实现社会资源高效利用和快速对接，提高慈善救助协同补充效力方面积累了许多成功的经验。

为了使本研究选取的项目具有典型性，本文根据福利多元主义经典理论以及本文构建的以患儿为中心、多元主体参与的儿童慈善医疗救助分析框架（见图1），结合国内外已有关于医疗救助的质性研究文献，对该平台的慈善项目信息进行提取与筛选。该平台发布的救助项目中，专注于儿童医疗救助的慈善项目有30余个。本研究最终选取了其中长期与市场主体、政府部门有合作关系，并产生较大社会影响力的A基金会、H基金会和C基金会的典型项目作为研究对象。所选取的三家基金会均为民政部5A级基金会，并曾获得中国公益慈善领域中的最高政府奖——中华慈善奖。

在典型救助项目信息收集方面，本研究主要根据三家基金会提供的公开资料及相关权威媒体报道，对相关项目的内容进行文本分析。当前，儿童慈善医疗救助共有三种典型慈善救助类型：多中心协作型、分层委托型和国际联合型。

三 A 基金会：多中心协作型救助

（一）A 基金会近年医疗救助情况

A 基金会成立于 2004 年，是一家由企业家发起并管理运作，在全国范围内开展项目的慈善基金会，被民政部授予"全国先进社会组织"称号，在《福布斯》中国慈善基金会排行榜多年位列第一名。截至 2021 年底，A 基金会累计救助孤贫患儿超过 7.5 万人，在国内儿童大病慈善救助领域产生了较大影响。

A 基金会自成立以来，精准匹配孤儿、事实孤儿等困境儿童及农村留守儿童群体面临的问题和需求，为其提供医疗养护、辅助养育照料及关怀等慈善服务，帮助困境中的患儿摆脱困境。A 基金会先后开展了针对患有先心病、白血病等预后效果良好的 17 个病种的孤贫残障儿童的医疗救助项目（见表 1）。其中，AP1 项目作为 A 基金会首个系统化慈善项目，已成为迄今为止全球最大的孤贫先心病儿童救助项目。经过多年创新发展，A 基金会实现了从单点突破到公益慈善行业的全面布局。

表 1 A 基金会近年来代表性医疗救助项目情况

项目名称	开始实施时间	参与救助工作的主体	救助对象
AP1	2006 年	定点医院； 卫健部门； 民政部门； 大学生社团组织	先心病患儿
AP2	2011 年	白血病专业医疗机构	孤贫白血病患儿
AP3	2011 年	养护中心； 儿童福利机构； 人民团体	病患孤儿
AP4	2012 年	其他慈善基金会； 地方残疾人联合会； 科研机构	残障儿童
AP5	2015 年	定点医院	特定病种贫困患儿

（二）多中心协作型救助机制

根据 A 基金会的公开资料及媒体的相关报道，本研究以救助程序为线索，对该基金会儿童医疗救助机制进行总结。研究发现，A 基金会通过发动各方社会力量，逐步形成了一个"基金会主导，社会力量支持，专业机构执行"的医疗救助体系（见图 2）。研究认为，A 基金会的救助机制具有以下特征。

1. 多元主体，过程制参与

A 基金会开展的儿童医疗救助项目，无论是达成救助关系前、救助中还是实施救助后，均有政府部门、市场主体、其他社会组织、专业医疗机构及其科研部门的参与。在 A 基金会的协调主持下，搭建起全方位的儿童医疗救助网络。

资源募集阶段，患儿家庭需首先由民政部门对其经济情况进行认定和医疗机构对其病情进行医学诊断。符合救助条件的家庭可向 A 基金会提出救助申请，并由 A 基金会进行审核，对其实施医疗救助。

在救助实施阶段，A 基金会联合多方力量，构建一个多方连接、互相影响的救助网络。特别是在基金会与定点医疗机构的合作方面，患儿在定点医疗机构接受治疗期间，基金会与定点医疗机构及时进行信息交流与沟通，根据相关规定直接拨付医疗费用，以实现救助资金的及时、精准、高效利用。针对我国医疗水平发展不平衡、不充分，与国外先进技术仍有差距的现实，A 基金会与国内顶级医疗机构达成合作关系，建立相关医疗数据库。组织医疗专家对欠发达地区的定点医疗机构进行技术指导与人员培训，加强沟通与交流。在先心病等多个病种的医疗救助中，A 基金会的项目实现了资源优势互补与整体救助水平的提升。除医疗机构间的信息沟通外，该基金会项目在运作过程中，还得到了社会组织与人民团体的支持与协助。信息和资源的流通、整合与优化配置，促进了项目的持续运转，病患孤儿的精细化养护需求得到了更好的满足。

在 AP1 项目中，对于成功出院的患儿，A 基金会联合了多所高校的学生会或社团，开展受助患儿家庭家访活动。参与到活动中的大学生在接受必要的培训后，利用暑期时间对患儿家庭进行走访。走访内容包括家庭经济状况、就医体验、申请体验、医保政策等方面。通过家访获取到一手资料，A 基金会根据以往受助患儿的救助效果，从供给侧出发调整救助政策和流程，以更充分地对今后的患儿进行医疗救助，提高救助资源的整体运行效率。

2. 多元形式，专业化救助

以 A 基金会为主导的医疗救助项目，受助患儿涉及 17 个病种，对于不同病种及困难的患儿，A 基金会会根据其特征开展相应慈善医疗项目进行救助。在项目运作过程中，A 基金会通常与全国优质医院达成定点合作单位的形式，成立项目专家委员会或利用办公平台与定点医院远程协同办公，形成一条高效、便捷、公开、透明的救助通路。

针对孤残患儿的救助，AP3 项目在全国 15 个省级行政区设立了养护中心。它参照国内外儿童福利机构及儿童医疗养护场所的先进理念，建设适合病患儿童生活及养护的硬件环境，配备专业化的医疗护理人员及专职儿童抚育人员对患儿进行医康教一体化的养护。该项目现已成为病患孤儿养护领域内的示范项目。

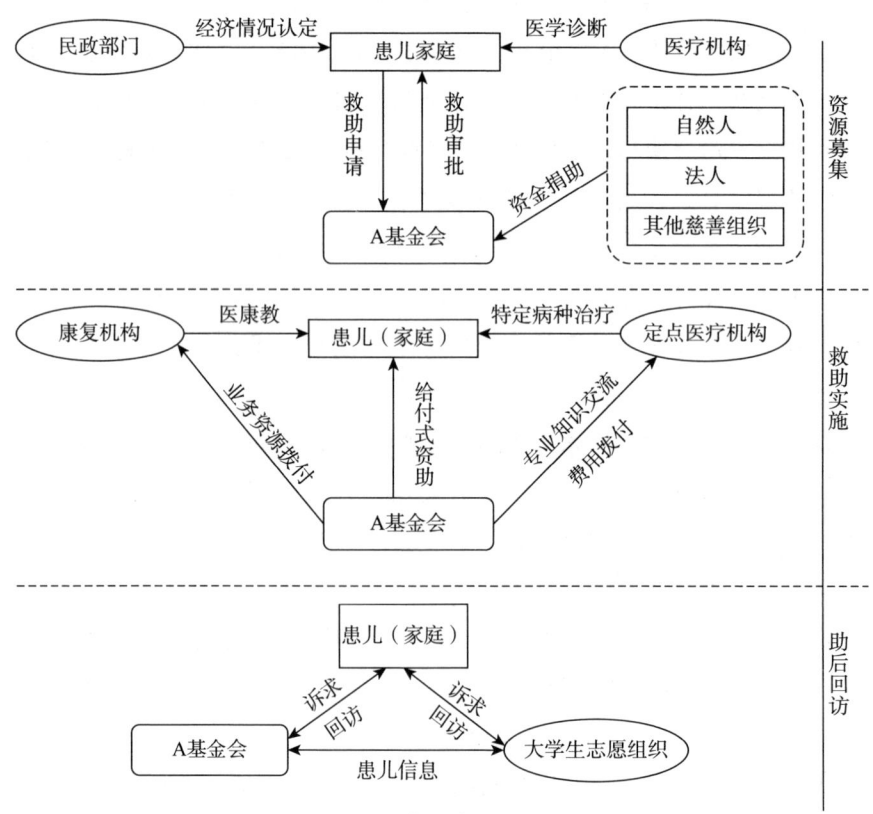

图 2　A 基金会救助机制

四 H基金会：分层委托型救助

（一）H基金会近年救助情况

H基金会是经民政部登记注册的具有独立法人地位的全国性公募基金会，现为5A级基金会，并曾获得中国慈善榜中国十大基金会荣誉称号。该基金会的主管部门是我国从事人道主义工作的社会救助团体，其最高领导具有较高的行政级别。截至2021年，H基金会累计救助大病患儿、患者超过15.5万名。资助对象包括患有先心病、唇腭裂、白血病和再生障碍性贫血的贫困家庭的儿童（见表2）。

表2 H基金会近年来代表性医疗救助项目情况

项目名称	开始实施时间	救助对象	资金来源
HP1	2006年	贫困先心病患儿	国内外捐赠；国家彩票公益金；投资收入；其他合法收入
HP2	2006年	家庭贫困的唇腭裂患者	
HP3	2009年	白血病患儿	
HP4	2012年	贫困家庭重型再生障碍性贫血儿童	

（二）分层委托型救助机制

通过对H基金会近年来代表性项目的相关信息梳理及基金会年报、年检报告的公开信息，根据其救助工作的特征，本文从资源募集和项目运行两个方面对其救助机制进行总结（见图3）。研究发现，该基金会的救助工作具有较明显的"分层协调，差别救助"的特征，具体如下。

1. 总会管总，多方筹集资源

H基金会的救助资源筹集与A基金会相比，有较明显的福利多元主义特征。资金筹集渠道包括国内外企业和自然人捐赠、中央财政资助、国家彩票公益金支持、基金会投资收入和其他合法收入。捐赠者除市场主体，还包括财政部门及彩票发行管理部门。近年来，H 基金会的收入中，中央财政支持占到该基金会总收入的 40% 左右；HP1 和 HP3 均受到国家彩票公益金资助。在定点医疗机构的协作关系达成方面，除有资质的医疗机构主动向基金会申请获得审批的方式，H 基金会的地方工作部门发挥科层优势，通过与各地医疗机构的信息沟通，向上级部门推荐定点医疗机构的候选者。H 基金会与定点医疗机构的相向合作，使其救助覆盖范围能够较快地扩大，为救助项目的实施奠定充实的物质、环境等硬件基础。

2. 地方执行，协同配置善款

由于 H 基金会的官办性质，其儿童医疗救助工作的立项、实施和开展均充分利用其多级科层的优势，分级确定职责，按病种确定救助策略，以求实现救助工作中的资源平衡分配。项目的立项和资源筹集一般由 H 基金会总会进行协调，在广泛宣传和资源协调的基础上开始实施。

项目的具体实施通常由 H 基金会和定点医疗机构协助执行。首先，为确保资金的公正、科学使用，救助项目基金建立后，H 基金会会组建由政府部门相关人员、医疗专家、捐方代表等组成的项目委员会，负责资金的评审和技术监督工作。其次，救助对象的确定，以患儿家庭主动申请为主，并由基层群众自治组织出具家庭情况证明，由有资质的医疗机构提供诊断证明。H 基金会省级部门对来自符合救助项目规定的经济条件和健康状况的患儿家庭申请资料进行审核，按照"以患儿家庭自救为主，基金资助为辅"的原则确定救助名单。同时，定点医疗机构也会协助患儿家庭进行救助申请，为其提供必要的医学证明或推荐材料。最后，在医疗费用资助工作中，H 基金会根据各基金的管理章程，对不同病种的患儿进行一次性定额资助或全额资助医疗费用。在表 2 列出的 4 个代表性医疗救助项目中，仅 HP2 为全额资助。救助方式大部分为患者先行垫付、事后资金拨付，包括直接拨付给患儿家庭和定点医疗机构两种形式。H 基金会总会会在救助资金拨付后对患儿家庭进行抽样回访，并监督地方部门和项目委员会的工作；基金会地方部门和项目部门定期向上汇总救助情况。

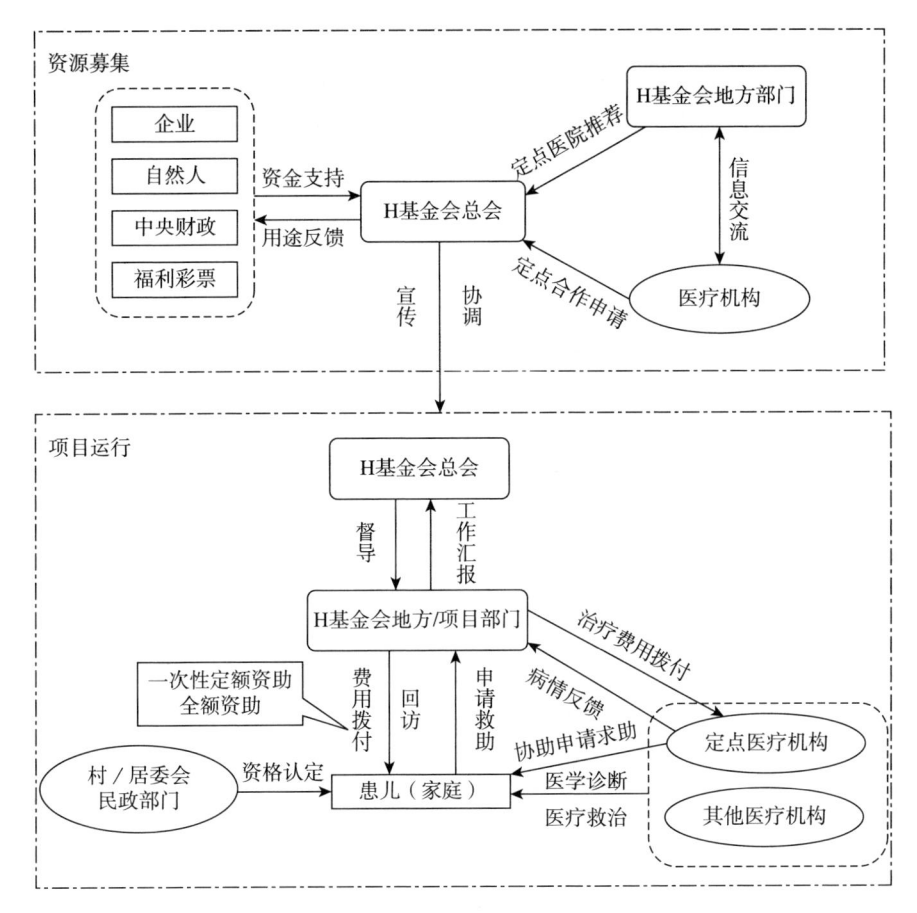

图 3　H 基金会救助机制

五　C 基金会 W 项目：国际联合型救助

（一）W 项目近年医疗救助情况

W 项目是我国 C 基金会和美国 S 基金会共同实施医治唇腭裂及修复手术项目。该项目始于 1999 年，经过近 20 年的努力，W 项目已经发展成为慈善、民政、医疗多部门大协作的全国性慈善项目，同时也是在我国开展的规模最大、时间最久的专项关注唇腭裂患者的慈善救助项目。目前，该项目合作定点医院已覆盖我国除港澳台地区的 31 个省级行政区，救助人数超过 44 万人。

W 项目的主管单位 C 基金会，是热心慈善事业的公民、法人及其他社会组织志愿参加的全国性非营利公益社会团体，在全国已发展有 300 余个会员单位，是我国最大、最有影响力的慈善组织之一。C 基金会多年来与港澳台地区和海外的许多公益慈善机构建立了良好的合作关系，并共同实施了多项合作项目。W 项目便是其受美国 S 基金会捐助，在中国实施的慈善医疗救助项目之一。

（二）国际联合型救助机制

在对 C 基金会和 W 项目官方网站及权威媒体公开报道信息进行分析的基础上，本研究对 W 项目的救助机制进行了总结。研究发现该项目是有代表性的"国际联合，政社合作，多元主体参与"的慈善医疗救助项目（见图 4）。

1. 四位一体，协同管理

W 项目在中国地区的实施开始于 1999 年，由美国 S 基金会与中国 C 基金会达成合作关系。W 项目于 2007 年正式建立起四位一体的，包含我国政府（卫生、民政）部门、中美两个基金会和专业医学会的项目指导组。在指导组内，美国 S 基金会提供主要的善款捐助，卫生部门负责给予卫生行政支持。C 基金会负责慈善宣传和项目运作，专业医学会主要给予业务技术指导并向项目管理者提出项目执行的相关建议。同时，项目管理小组各方抽调专业人员，组成医学专家指导组和项目协调部门，分别进行医学治疗技术的交流沟通和负责微笑列车唇腭裂修复慈善项目日常运作管理与联系沟通，以确保项目的高效运转与问题的及时处理。此外，为保证手术质量，W 项目在项目合作医院的管理方面实行动态管理，合作医院的申请和认定、现有合作医院的终止合作认定、级别变更以及手术范围调整由医学专家指导组讨论决定。

2. 简化流程，快速施救

与 A 基金会、H 基金会慈善医疗救助相比，W 项目对于在项目合作医院就诊的唇腭裂患者，如因家庭经济困难而无法支付唇腭裂修复手术费用，只需在医生指导下填写《病人记录同意书》和《贫困声明》即可接受免费手术治疗，其间患者无须向医院支付任何与手术相关的费用。项目合作医院对患者进行手术后，上传电子病历至 S 基金会。S 基金会审核通过后，经由 C 基金会将医疗费用拨付至项目合作医院。申请流程的简化，有利于治疗的及时进行，提高整体救助效率。

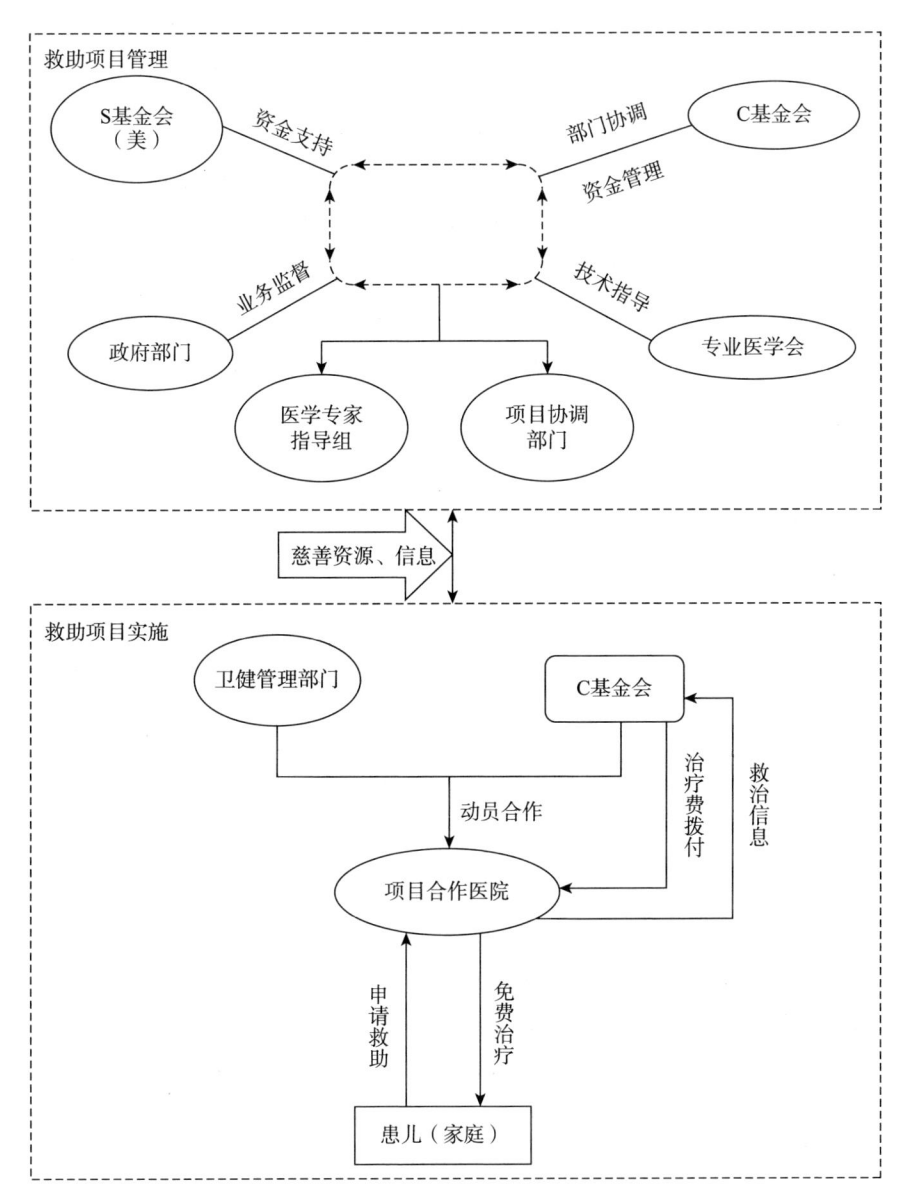

图 4　C 基金会 W 项目救助机制

六 结论与讨论

当前，随着《慈善法》修订工作的陆续开展、共同富裕的扎实推进，以及第三次分配政策被纳入基础性制度安排，我国慈善事业的发展面临来自观念、组织和政策等方面的新要求（朱健刚、严国威，2021）。推动各方力量积极参与、改进慈善救助的方式，实现慈善救助与社会保险、社会救助的有效衔接，满足困境患儿家庭的个性化生存和发展需求，既是儿童医疗救助的要求，也是学界讨论的热点之一。通过对三家典型的开展儿童慈善医疗救助基金会开展的项目实践运行机制的分析，本研究提出构建"多主体-全过程"儿童慈善医疗救助机制（见图5）。从典型基金会救助的实践来看，这一机制具有以下特征。

（一）以慈善组织为枢纽，多元主体救助合作机制

在针对大病儿童的慈善医疗救助主体的合作网络中，慈善基金会对救助的全过程起到枢纽作用。包括争取政府部门的政策与财政支持、向市场主体以及社会募集资金、与医疗机构建立定点合作关系，以及与社团组织组建伙伴关系，相较于已有的福利多元主义四分法，我国的儿童慈善医疗救助的典型项目中的参与主体呈现"五分-合作"的特征。

1. "慈-政"合作

随着医疗技术的进步和发展，患儿家庭的生存利益和需求日益多元化。在这一背景下，政府掌握的资源和配置灵活度方面具有有限性，不可能为各类患儿提供全能的服务和管理，面对由此产生的诸多问题难以及时快速处置。慈善组织致力于在公众资源捐赠的基础上为弱势群体提供无偿的帮助，这与政府的社会救助职能在根本上是一致的。在实践中，慈善组织在化解社会矛盾、促进共享医改发展成果方面发挥了不可替代的客观功效。在对困境患儿的救助工作中，政社双方的共同努力，有利于慈善资源整合能力、慈善救助管理水平的进一步提升，有利于更好发挥慈善组织的资源枢纽与分配作用。

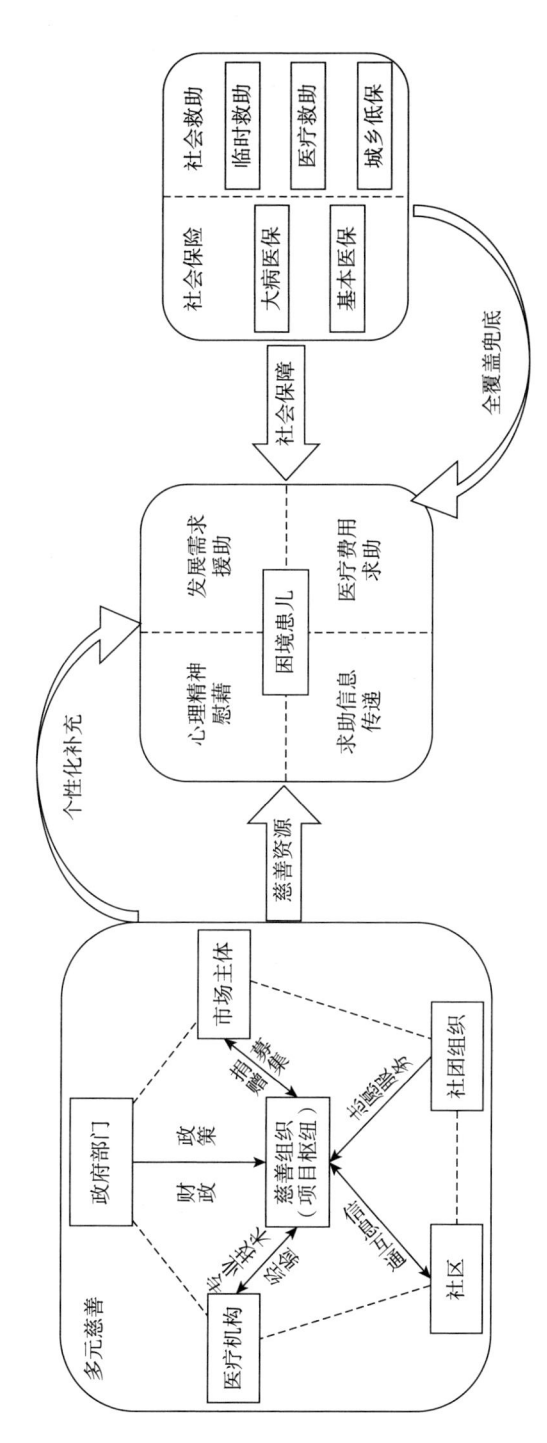

图 5 "多主体-全过程"儿童慈善医疗救助机制

2. "慈-企"合作

慈善事业的发展如果只依靠政府力量来推动，市场在慈善事业中配置资源的作用就无法完全体现，导致慈善事业发展动力不足。企业是市场经济的主体，占据着慈善事业发展所能利用的大多数资源，因此慈善组织通过和企业合作，可实现二者的双赢。在慈善医疗救助实践的典型项目中，企业通过设立专项救助基金、通过慈善组织定点资助非营利性质医院、捐赠药械等形式，为慈善医疗救助提供源源不断的救助资源，推动慈善医疗救助工作可持续发展。

3. "慈-医"合作

相较于慈善领域的失学儿童教育救助、困难家庭生活救助等，慈善医疗救助特别是针对大病儿童的医疗救助，必须与专业的医学知识相结合方能最大限度利用好有限的救助资源。在多元主体参与的慈善医疗救助工作中，医疗机构通过与慈善组织达成合作关系，秉承"医者仁心"的初心，协助医疗救助工作的实施。具体来讲，医疗机构对于诊断明确的慢性病或康复期患儿，持续为其提供常规医疗服务或药品；对于慈善组织介绍来的重特大疾病（如先心病、唇腭裂、白血病）患者给予手术治疗，并与慈善组织以协议方式结算合理且必要的医疗费用。此外，医疗机构在慈善医疗工作中的角色已不止于治疗和结算费用。首先，合作医疗机构的医护人员在接诊中发现需要帮助且可能符合慈善救助条件的患者，协助其完成与慈善组织的救助关系联结工作；其次，及时与慈善基金会交流患者治疗情况及相关医学技术进展，以便慈善组织精准调整慈善资源的利用，及时改进救助项目。

4. "慈-社"合作

早在 2016 年，我国《慈善法》规定，"城乡社区组织、单位可以在本社区、单位内部开展群众性互助互济活动"。自此，社区慈善走上法治化道路。随着改革开放以来政府职能的转变以及公民由"单位人"向"社会人"转变，加之社区服务民生目标存在与慈善组织目标一致性，且其具有方式灵活性、服务有效性的特征，在儿童慈善医疗救助中，社区的功能越发受到重视。在目前的典型实践项目中，社区的功能主要体现在困难家庭资格认定、慈善项目信息的发布以及与困难患儿家庭经济情况的匹配等方面，为困难患儿家庭早日享受到慈善救助资源搭建了中介桥梁。社区慈善活动有助于促进居民参与社区治理，从而增进社会团结，也是未来慈善发展的重要方向。

5."慈-志"合作

志愿服务的宗旨在于在服务他人、奉献社会中取得成绩和进步，志愿服务是社会文明进步的重要标志，其初心与慈善事业本质是一致的。在实践中，青年志愿者在我国志愿活动中活跃度高、影响范围广。在儿童慈善医疗救助中，慈善组织与高校学生组织达成合作关系，发挥大学生寒暑假特有优势以及其素质高、与患儿代沟小的特点，对治愈患儿进行回访，一方面给予患儿及其家庭成员后期心理和精神上的慰藉，另一方面收集和反馈患儿家庭在后续生存、发展中的个性化需求，使大学生在慈善医疗救助后期工作中担当主角。

（二）以患儿需求为中心，全过程差异化救助机制

"全覆盖、保基本、多层次、可持续"是我国社会保障体系的建设目标。对于大病困境儿童而言，城乡居民基本医疗保险、大病保险、医疗救助及其他社会救助项目的保障起到了兜底保障的作用，可有效防止患儿家庭因病致贫返贫。但对于患儿家庭的发展型和个性化的救助，则有赖于慈善事业的有效补充和衔接。就本文所研究的救助项目而言，儿童慈善医疗救助与其他人群医疗救助相比，救助不仅是医疗费用报销，而且是以患儿需求为中心，拓展至救助前信息对接、救助时资源有效配置、救助后回访与精神慰藉全过程。

1. 救助信息对接

救助信息的及时匹配是早日达成救助关系的前提。同时，对于儿童医疗救助而言，救助关系越早达成，则越有利于实现理想的治疗效果甚至节省救助资源。个人申请-慈善组织审核是慈善救助中常见的方式。该方式最大限度遵从了困难患者意愿，避免了一些极端的纠纷。但对于一些偏远地区或文化水平偏低的患儿家庭而言，他们可能无法自行查询或了解慈善救助项目，导致因善款无法及时募集而耽误治疗。在儿童慈善医疗救助中，慈善组织更多地与儿童专科医院合作，构建医疗救助主动发现的救助机制。

医院相关科室通过对特定病种收治患儿的家庭情况及医疗费用的监测，及时发现符合慈善项目救助条件的患者，实现由"人等善款"到"慈善找人"的转变，实现对困境患儿的精准定位，落实精准高效的慈善救助服务。此外，基金会与社区村/居委会的信息协同联动，由社区向有合作关系的慈善基金会地方经办部门报送当地申请医疗救助的患儿信息。慈善基金会相关部门对其信息和条件进行初步核查，确定潜在受助对象。最终由社区联系患儿家庭，动员其申请慈善医疗救助。

2. 救助资源的配置

慈善医疗救助资源的提供方式一般包括医疗费用报销和医疗资源定向供给。医疗费用的事后补充报销是最为快捷、公平的救助方式，同时也是大部分慈善医疗救助项目惯用的救助方式。随着医保领域按疾病诊断相关分组付费（DRG）和按病种分值付费（DIP）在我国的逐步推广，医疗资源如药品、医疗器械的无偿或零利润的捐赠，手术包干等救助方式也在儿童慈善医疗救助领域更广泛地应用，这种救助方式可促进救助资源更加精准、及时地作用于困难患者，提高救助的时效性和充分性。两种慈善资源配置方式并行，既有利于善款的专款专用，又可在一定程度上实现患儿个性化需求的补充救助。

3. 救助后的回访与慰藉

与其他年龄段医疗救助对象相比，儿童的医疗救助需求远不限于物质需求和救治需求。对于遭遇病痛折磨甚至有一定后遗症的困难儿童而言，其心理健康水平的提高和自我意识的培养尤为重要。儿童慈善医疗救助的终点不止于康复出院，而是延伸至其治愈和康复阶段的心理健康和精神慰藉。同时，结合公益社团组织的志愿服务活动，调查和反馈受助儿童家庭的生活需求，协助其从其他途径，走出疾病带来的阴霾和困境。

（三）儿童慈善医疗救助机制的讨论与展望

与传统的福利多元主义三分法、四分法相比，本文所研究的慈善基金会医疗救助项目构建了以患儿需求为中心，多元主体协同、全过程参与的医疗救助机制。在运行机制上实现了参与主体的多元化、协同化，在功能上与社会保障有效衔接并照顾了救助对象的个性化需求。与我国社会保障体系内部的衔接机制以及国际上慈善救助的先进经验相比，儿童慈善医疗救助在信息共享与流动、慈善资源下沉方面仍有提升的空间。具体如下。

第一，多主体间完善信息共享机制，实现救助资源的合理流动。慈善项目与困境儿童信息的及时、精准对接，既可以避免患儿家庭因病返贫致贫，又可以避免救助资源的叠加，缓解医疗救助资源分布不平衡、救助不充分的矛盾。目前，大病患儿的主动发现机制主要集中在定点医院医护人员的走访调查，以及部分地区社区村/居委会的人工反馈。政府部门与慈善组织特别是民间慈善组织的合作关系，主要集中在政策与财政支持方面。为实现慈善事业与社会救助、社会保险的有效衔接，避免重复救助和救助对象遗漏，需要将慈善项目信息加入民政部门的社会救助信息平台，动态监测民政部门受理的医疗救助、临时救助信息。通过智能化手段进行自动研判和预报，将符合条件（如特定病种、医疗门槛费用）的患儿信息及时与慈善救助项目的申领条件进行匹配对接，更早发现、更快完成慈善救助的申请和相关资源的拨付。

第二，慈善资源配置注重发展和壮大社区慈善力量。有关研究发现，治理重心下移可以有效提供公共服务、化解社会矛盾、激发社会活力（刘凤等，2019）。就慈善救助而言，社区作为城乡发展的重要组成部分，如能够调动进配合慈善医疗救助的工作中，将起到越来越重要的作用。基层居民自治制度的不断完善与实践的发展，为社区与慈善组织合作参与医疗救助提供了有益的经验和合作的可能。目前，慈善组织将救助对象确定工作下移至社区层面，达成合作关系，建立起慈善医疗资源供需的信息共享平台与机制，并建立了社区回访与信息反馈的合作关系。就未来发展而言，可在此基础上，发展社区慈善基金会的力量，以实现慈善组织和慈善资源治理重心的下移。从国内的社区基金会参与社区治理的实践来看，社区基金会着眼于社区治理的资金需求和社区治理的根本问题，形成了资助模式和社区领袖模式（胡小军、朱健刚，2017）。从儿童慈善事业和社区治理的发展需求来看，发展社区慈善基金会是推动社区多元主体共治和资源有效配置的需要。因此，有必要学习和借鉴国际经验，拓展社区基金会的职能、延伸社区基金会的服务链条，将儿童慈善医疗救助的资源募集、项目开展，由枢纽型慈善组织尝试有序下沉至发展成熟的社区慈善基金会。

参考文献

陈雅丽，2010，《城市社区服务供给体系及问题解析——以福利多元主义理论为视角》，《理论导刊》第 2 期。

郭林，2014，《民营资本参与养老服务体系建设：基本理论与政策建议》，《行政管理改革》第 10 期。

胡小军、朱健刚，2017，《社区慈善资源的本土化——对中国社区基金会的多案例研究》，《学海》第 6 期。

李文祥、吴德帅，2016，《社会福利原理》，北京：科学出版社。

刘凤、傅利平、孙兆辉，2019，《重心下移如何提升治理效能？——基于城市基层治理结构调适的多案例研究》，《公共管理学报》第 4 期。

刘涛，2016，《福利多元主义视角下的德国长期照护保险制度研究》，《公共行政评论》第 4 期。

彭华民，2012，《从沉寂到创新：中国社会福利构建》，北京：中国社会科学出版社。

曲绍旭，2012，《福利多元主义视角下灾后残疾人社会救助体系的构建》，《学术论坛》第 6 期。

尚晓援，2001，《从国家福利到多元福利——南京市和兰州市社会福利服务的案例研究》，《清华大学学报》（哲学社会科学版）第 4 期。

万国威、李珊，2012，《"留守儿童"福利供应的定量研究——基于四川省兴文县的实证调研》，《中国青年研究》第 12 期。

王洁非、宋超，2016，《基于福利多元主义的社区养老供需研究》，《统计与决策》第 1 期。

王琳，2007，《完善城市社区社会保障制度的对策分析》，《中国行政管理》第 5 期。

王名、刘求实，2007，《中国非政府组织发展的制度分析》，《中国非营利评论》第 1 期。

王旭光、张仲宝、吴滨，2003，《我国体育事业的产业化运作——从"福利多元主义"的视角分析》，《体育与科学》第 3 期。

吴炜、朱力，2012，《农民工住房福利现状与政策走向——基于福利多元主义的视角》，《长白学刊》第 2 期。

邢梓琳、杨立雄，2022，《混合福利经济视角下的中国老年长期照护服务体系建构——基于德日韩三国实践经验比较》，《行政管理改革》第 5 期。

行红芳，2014，《从一元到多元：困境儿童福利体系的建构》，《郑州大学学报》（哲学社会科学版）第 5 期。

杨君、徐永祥、徐选国，2014，《社区治理共同体的建设何以可能？——迈向经验解释的城市社区治理模式》，《福建论坛》（人文社会科学版）第 10 期。

尹吉东，2022，《从适度普惠走向全面普惠：中国儿童福利发展的必由之路》，《社会保障评论》第 2 期。

张长伟，2012，《救助受艾滋病影响儿童的"河南模式"解读——从福利多元主义的视角》，《社会科学家》第 2 期。

郑林如，2022，《贫困家庭儿童福利政策的发展与演进逻辑》，《山东社会科学》第 4 期。

朱健刚、严国威，2021，《建设韧性的慈善共同体：2020 年中国慈善事业发展报告》，载杨团、朱健刚主编《慈善蓝皮书：中国慈善发展报告（2021）》，北京：社会科学文献出版社。

朱照南，2018，《社会组织提供社会服务的模式研究——以北京春苗儿童救助基金会"医务社工模式"为例》，《社会建设》第 5 期。

Hage, J. 1992. "Shifts in the Welfare Mix: Their Impact on Work, Social Services and Welfare Policies. A. Evers, H. Wintersberger." *American Journal of Sociology* 97 (5): 1481–1483.

《都市社会工作研究》稿约

为推进都市社会工作研究和实务的发展，加强高校、实务机构和相关政府部门的专业合作，上海大学社会学院社会工作系与出版机构决定合作出版《都市社会工作研究》集刊，特此向全国相关的专业界人士征集稿件。

一　出版宗旨

1. 促进都市社会工作研究的发展。社会工作系希望通过本集刊的交流和探讨，介绍与阐释国外都市社会工作理论、方法和最新研究成果，深入分析国内社会工作各个领域里的问题和现象，探索中国社会工作发展的基本路径，繁荣社会工作领域内的学术氛围，推动社会工作的进一步发展。

2. 加强与国内社会工作教育界的交流。社会工作系希望通过出版集刊，强化与国内社会工作教育界交流网络的建立，共同探讨都市社会工作领域的各类问题，共同推动中国社会工作教育和专业人才培养的深入开展。

3. 推动与相关政府部门的合作。社会工作系希望通过出版集刊之契机，携手相关政府部门共同研究新现象、新问题、新经验，并期冀合作研究成果对完善政策和制定新政策有所裨益。

4. 强化与实务部门的紧密联系。社会工作系希望通过出版集刊，进一步加强与医院、学校、工会、妇联、共青团、社区管理部门、司法部门、老龄与青少年工作部门，以及各类社会组织的密切联系与合作，通过共同探讨和研究，深入推动中国社会工作实务的开展。

5. 积累和传播本土社会工作知识。社会工作系希望通过出版集刊，能够更好地总结中国社会工作理论与实务的经验，提炼本土的社会工作专业服务模式，从而推动社会工作专业的健康发展。

二 来稿要求

1. 稿件范围。本集刊设有医务与精神健康社会工作、老年社会工作、儿童与青少年社会工作、城市社区社会工作、城市家庭和妇女社会工作、学校社会工作、社区矫正、社区康复、社会组织发展、社会政策分析及国外都市社会工作研究前沿等栏目，凡涉及上述领域的专题讨论、学者论坛、理论和实务研究、社会调查、研究报告、案例分析、研究述评、学术动态综述等，均欢迎不吝赐稿。

2. 具体事项规定。来稿均为原创，凡已经公开发表的文章不予受理。篇幅一般以 8000~10000 字为宜，重要的可达 20000 字。稿件发表，一律不收取任何费用。来稿以质选稿，择优录用。来稿请发电子邮箱或邮寄纸质的文本。来稿一般不予退稿，请作者自留稿件副本。

3. 本集刊权利。本集刊有修改删节文章的权利，凡投本集刊者被视为认同这一规则。不同意删改者，请务必在文中声明。文章一经发表，著作权属于作者本人，版权即为本集刊所有，欢迎以各种形式转载、译介和引用，但必须遵照《中华人民共和国著作权法》及有关国际法规。

4. 来稿文献引证规范。来稿论述（叙述）符合专业规范，行文遵循国际公认的学术规范。引用他人成说均采用夹注加以注明，即引文后加括号说明作者、出版年份及页码。引文详细出处作为参考文献列于文尾，格式为：作者、出版年份、书名（或文章名）、译者、出版地点、出版单位（或期刊名或报纸名）。参考文献按作者姓氏的第一个拼音字母依 A—Z 顺序分中、英文两部分排列。英文书名（或期刊名或报纸名）用斜体。作者本人的注释均采用当页脚注，用①②③④⑤……标明。稿件正文标题下分别是作者、摘要、关键词。作者应将标题、作者名和关键词译成英文，同时提供 150 词左右的英文摘要。文稿正文层次最多为 5 级，其序号可采用一、（一）、1、（1）、1），不宜用①。来稿需在文末标注作者的工作单位全称、详细通信地址、联系电话、邮政编码，并对作者简要介绍，包括姓名、职称、学位、研究方向等。

图书在版编目(CIP)数据

都市社会工作研究.第13辑/范明林,杨锃,陈佳主编. -- 北京：社会科学文献出版社,2023.6
ISBN 978-7-5228-1639-5

Ⅰ.①都… Ⅱ.①范…②杨…③陈… Ⅲ.①城市-社会工作-研究-中国 Ⅳ.①D632

中国国家版本馆 CIP 数据核字(2023)第 060310 号

都市社会工作研究　第 13 辑

主　　编 / 范明林　杨　锃　陈　佳

出 版 人 / 王利民
责任编辑 / 杨桂凤
文稿编辑 / 张真真
责任印制 / 王京美

出　　版 / 社会科学文献出版社·群学出版分社 (010) 59367002
　　　　　　地址：北京市北三环中路甲 29 号院华龙大厦　邮编：100029
　　　　　　网址：www.ssap.com.cn
发　　行 / 社会科学文献出版社 (010) 59367028
印　　装 / 唐山玺诚印务有限公司

规　　格 / 开　本：787mm×1092mm　1/16
　　　　　　印　张：12.5　字　数：198 千字
版　　次 / 2023 年 6 月第 1 版　2023 年 6 月第 1 次印刷
书　　号 / ISBN 978-7-5228-1639-5
定　　价 / 89.00 元

读者服务电话：4008918866

版权所有 翻印必究